SERIOUSWORK

Contacto Información ISBN

Impreso: 978-0-9956647-6-0

Contacto

🔲 @seriouswrk | Sean@Serious.Global

SERIOUSWORK
CÓMO FACILITAR REUNIONES Y TALLERES CON EL MÉTODO LEGO® SERIOUS PLAY®

conscientemente incompetentes

Escrito y diseñado por
SEAN BLAIR y
MARKO RILLO

Traducido por
MIREIA MONTANÉ-BALAGUÉ

Con la ayuda de
NUESTROS SOCIOS

Producción: SEAN BLAIR
Impreso por: PROMEET

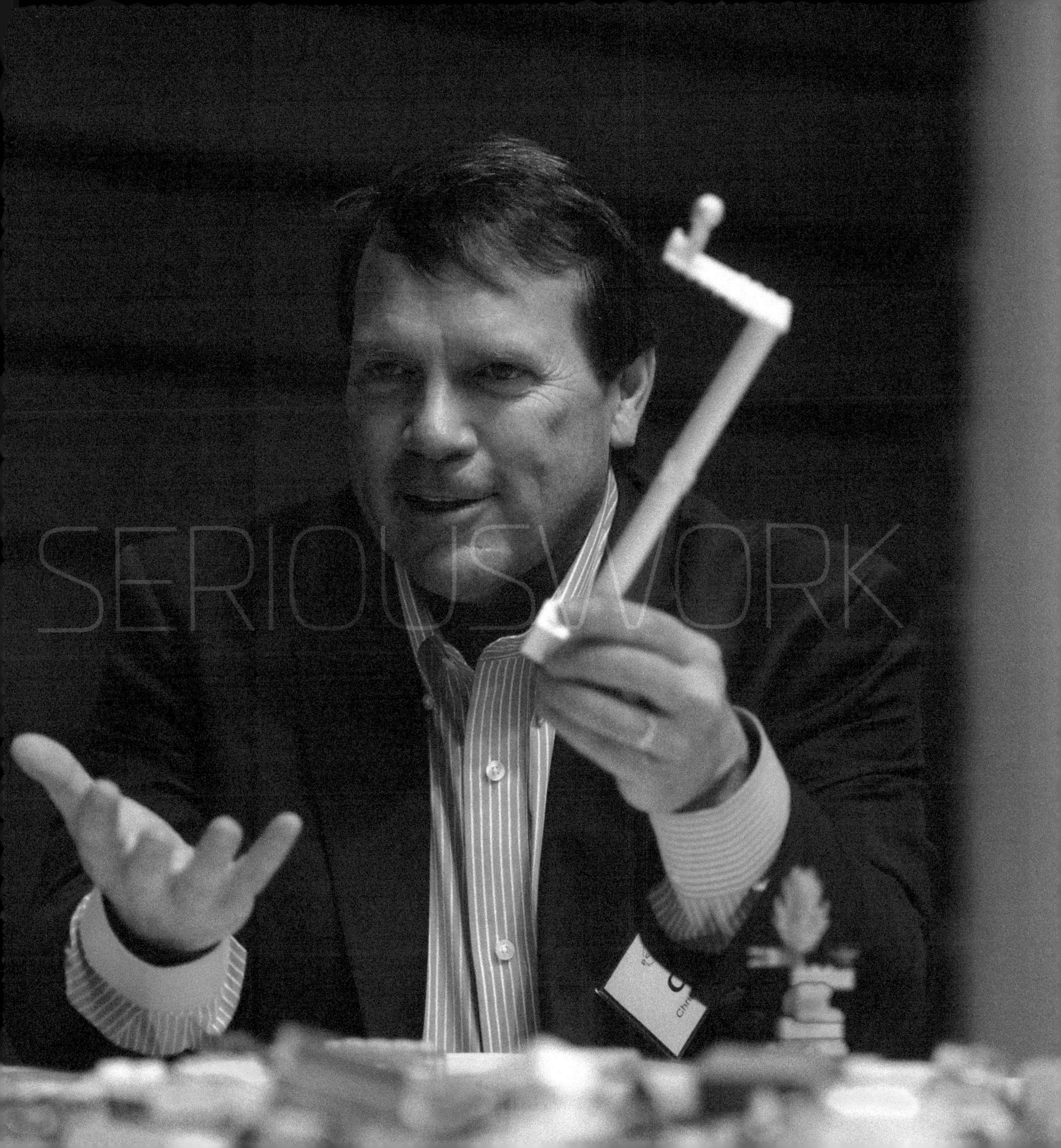
SERIOUSWORK

Índice

SeriousWork tiene nueve socios que han colaborado escribiendo la Parte 6 de este libro.

Camilla Nørgaard Jensen
Estados Unidos/Dinamarca

Dieter Reuther
Estados Unidos

Kristina Nyzell
Suecia

Mercedes Hoss
Alemania

Kim Pong Lim
Singapur

Patrizia Bertini
Italia

Eli de Friend
Suiza

Maria Stashenko
Rusia

Oliver Knapman
China

Prólogo

Un mensaje desde el futuro ¡Una historia increíble!

LEGO®: ¡la compañía que salvó al mundo! ¡Fantástico!

Nadie lo predijo y nadie lo vio a venir, ni siquiera los pioneros del método LEGO® Serious Play®. A principios de 2018, el Grupo LEGO dominaba la venta de kits a niños de todo el mundo. Eso es por lo que la marca LEGO era famosa.

Pero también una decisión tomada en el Grupo LEGO unos 20 años atrás empezó a tener consecuencias inesperadas y positivas fuera del ámbito de los juguetes y los niños. La idea loca que se les ocurrió a Johan Roos y Bart Victor en 1996 comenzó a ayudar a las personas a verse, comunicarse y comprenderse de nuevas formas.

Miles de personas comenzaron a usar LEGO® Serious Play®. La combinación del método, un mayor conocimiento de los procesos de comunicación interpersonal y los últimos hallazgos en neurociencia dieron resultados espectaculares.

La gente finalmente empezó a tener conversaciones útiles, los líderes comenzaron a involucrar a sus equipos de una manera verdaderamente participativa y todos comenzaron a contar historias más convincentes. Podían reflejar pensamientos y creencias más profundos usando vívidas metáforas para involucrarse emocionalmente.

A medida que LEGO® Serious Play® se convertía en una herramienta legítima y ampliamente utilizada, cada vez más personas podían explorar sus visiones, propósitos y planes de una forma sistemática.

Los sistemas „respondieron" (no literalmente), y la gente empezó a ser capaz de explorar las perspectivas de cada uno y cómo se influenciaban mutuamente de una forma tridimensional. Los modelos de sistemas interconectados mostra-ban consecuencias que antes eran imposibles de observar. Esto permitió el intercambio franco y abierto sobre las causas raíz de sus problemas.

Las ideas, actitudes, influencias y creencias inmateriales tomaron forma en los modelos LEGO® y se convirtieron en el método de vanguardia de la planificación moderna.

LEGO® Serious Play® se convirtió en algo tan normal como los rotuladores y rotafolios. Se encontraban piezas en las oficinas de ejecutivos y líderes, facilitadores y consultores, maestros y entrenadores, administradores y legisladores, investigadores y científicos, terapeutas y pensadores, inventores e ingenieros... ¡Todos los que tenían que trabajar con otros los tenían!.

Los pioneros del ,96 crearon LEGO® Serious Play® y el siguiente grupo lo desarrolló. Luego se convirtió en open source y una nueva oleada de miles de usuarios lo llevaron a un nivel completamente nuevo. ¿Quién lo habría imaginado?

Prefacio

2018. LEGO® Serious Play® florece.

¿Cómo es que un juguete para niños se ha convertido en una herramienta seria de estrategia utilizada por algunas de las organizaciones más conocidas del mundo? ¿Y cuál podría ser la relevancia de este método para su trabajo?

Este práctico libro está dirigido a personas que dirigen reuniones: líderes, gerentes, facilitadores y coaches que buscan nuevas formas de ayudar a los equipos a colaborar entre sí.

Una breve historia de LEGO® Serious Play®

La historia de LEGO® Serious Play® comenzó[1] en 1996 cuando los profesores del Instituto para el Desarrollo Gerencial (IMD), Johan Roos y Bart Victor, crearon el concepto y el proceso de „juego serio" como una forma de permitir a los gerentes describir, crear y desafiar sus puntos de vista sobre sus negocios. LEGO se incorporó a la historia en un programa de IMD para los 300 altos cargos de la compañía LEGO.

Roos y Victor presentaron sus primeras ideas en un artículo publicado por IMD en 1998 titulado busca de estrategias originales: ¿Qué tal el juego en serio?

A partir del trabajo en IMD, Kjeld Kirk Kristiansen, director general de LEGO®, patrocinó una compañía bajo el auspicio de LEGO® llamada Executive Discovery.

En ella, Bart Victor dirigió el proceso de desarrollo y comercialización de productos de Serious Play e invitó a Robert Rasmussen de LEGO® y al profesor Dave Owens de la Universidad Vanderbilt a ayudarle a sacar el primer producto al mercado. La primera „aplicación LEGO® Serious Play®" se llamó Estrategia en Tiempo Real.

LEGO® Serious Play® fue desarrollado como un método de consultoría utilizado por compañías como Daimler Chrysler, Roche, SABMiller, Tupperware, Nokia y Orange.

Al mismo tiempo, Johan Roos y Kjeld Kirk Kristiansen iniciaron investigaciones en el llamado *Imagination Lab* con un grupo de expertos suizos que entre 2001 y 2006 produjo 74 artículos de investigación, muchos artículos de revistas y 4 libros.

¿El resultado de 15 años de desarrollo? Un método poderoso para resolver problemas, explorar ideas y alcanzar objetivos basados en teorías de *gestión*[2] utilizando un juguete.

En 2010, LEGO® convirtió el método en open source (fuente abierta). Esta decisión creó una gran comunidad de practicantes y, hoy en día, de forma imparable, el método prospera en una amplia gama de aplicaciones.

[1] Más: https://en.m.wikipedia.org/wiki/Lego_Serious_Play

[2] Constructivism (Piaget 1951). Constructionism (Harel & Papert 1991). Complex adaptive system theory (Holland 1995). Auto-poietic corporate epistemology (von Krogh & Roos 1994; 1995)

El objetivo del libro es presentar LEGO® Serious Play® y cómo funciona.

Esperamos que sirva para avanzar hacia una adquisición subconsciente de competencias a partir de la práctica de LEGO® Serious Play®.

Nuestro propósito:
Ayudar a legitimar todavía más un método efectivo, brillante y poderoso.

Autores

 **Sean Blair**

https://uk.linkedin.com/in/sean-blair

Sean es el fundador de ProMeet, una empresa internacional profesional de facilitación. Facilita el aprendizaje, el crecimiento y el cambio mediante reuniones, talleres y conferencias en todo el mundo con el método LEGO® Serious Play®.

Sean es uno de los miembros más activos de esta comunidad y creó el primer LEGO® Serious Play® MeetUp en Londres. En la actualidad hay más de 40 grupos MeetUp de LEGO® Serious Play® en todo el mundo.

Descrito como un innovador de sistemas y un „provocador itinerante", imagina siempre un mundo mejor. Inconscientemente, molesta a los tradicionalistas.

Sean forma parte del equipo directivo de la Asociación Internacional de Facilitadores (IAF) de EMENA, una organización que promueve el poder de la facilitación. Es facilitador profesional certificado y ganador de un Premio al impacto de facilitación de la IAF.

Marko Rillo

https://ee.linkedin.com/in/markorillo

La pasión —y temprana adopción— de LEGO® Serious Play® por Marko lo llevó a lanzar la página web de la comunidad SeriousPlayPro, que ahora cuenta con más de 2000 miembros.

Marko oyó hablar de LEGO® Serious Play® en una conferencia con el gurú del "juego serio", el Prof. Johan Roos en 2005 y comenzó a experimentar con el método.

En 2007, comenzó sus estudios de doctorado en la Universidad de St. Gallen en Suiza, donde un antiguo profesor del Imagination Lab, Claus D. Jacobs, se convirtió en uno de sus mentores.

Marko participó en una de las últimas sesiones de capacitación de la certificación de LEGO® Serious Play® que se realizó directamente bajo el auspicio de LEGO® Corporation. Ha facilitado LEGO® Serious Play® en pequeñas empresas emergentes, multinacionales internacionales y hasta ha ayudado a crear una visión para un país.

La breve historia de este libro

Sean conoció a Marko mediante la web SeriousPlayPro cuando le pidió consejo para dirigir su primer gran taller LEGO® Serious Play® para 320 personas.

Se vieron en 2015 en una conferencia de facilita-dores de LEGO® Serious Play® en Billund y hablaron sobre la falta de libros sobre el método.

Tanto Marko como Sean habían estado pensando en cómo legitimar LEGO® Serious Play® y empujarlo a convertirse en una herramienta más aceptada y utilizada. A pesar de que había una excelente Guía de Código Abierto y un buen libro sobre la historia, el territorio y la teoría de LEGO® Serious Play®, no había ningún libro que explicara el proceso, así que acordaron escribir **Serious Work**, un detallado manual con recursos para ayudar a descubrir los principios básicos de LEGO® Serious Play®.

Para utilizar LEGO® Serious Play® en tareas complejas recomendamos encarecidamente utilizar primero un facilitador capacitado o asistir a un programa de capacitación.

Imaginamos que los lectores podrán usar este libro como un paso previo a la capacitación, o como guía para facilitar el nivel más básico: Build Level 1, Construcción de modelos individuales.

Esperamos que este libro ayude a descubrir el increíble poder de LEGO® Serious Play®.

Agradecimientos

Una vez, Isaac Newton dijo: *"Si he visto más allá, es porque me he aupado a hombros de gigantes"*. Nosotros no pretendemos ver más allá...

Nosotros también nos hemos aupado a los hombros de gigantes, y hemos podido crear este libro gracias a las brillantes personas que inventaron y desarrollaron LEGO® Serious Play®.

Reconocemos y agradecemos especialmente a nuestros maestros Robert Rasmussen, Per Kristiansen y Jacqueline Lloyd Smith por ser los pioneros en enseñarnos el método LEGO® Serious Play®. Les tenemos un profundo respeto.

Ambos tuvimos el privilegio de hablar con cientos de facilitadores de LEGO® Serious Play® y miembros de la comunidad global de SeriousPlayPro. Las conversaciones a lo largo de los años nos han brindado muchas oportunidades para aprender. Gracias a todos los que publicaron preguntas, estudios de casos y comentarios.

LEGO® Foundation

Cuando surgió la idea de este libro, la primera persona con quien nos pusimos en contacto fue Jette Orduna de LEGO® Foundation. Le estamos agradecidos, a ella personalmente y a la fundación, por darnos permiso para escribir este libro.

Ejemplos de casos reales

La parte central de este libro es la parte 5 en la que hemos utilizado ejemplos reales para mostrar los aspectos prácticos de la facilitación de reuniones y talleres con LEGO® Serious Play®.

Un libro así no sería posible sin la generosidad de nuestros clientes que nos permitieron compartir sus historias y fotos de sus sesiones con LEGO® Serious Play®.

Desde aquí queremos darles las gracias a las siguientes personas y empresas por su ayuda en la creación de este libro:

Y a Karl Anton y el equipo IPTV de Telia Telco; Peter Brenner, Edward Bignold y el equipo de IHG; Jim Bowes y el equipo de Manifesto Digital y a Rita Fevereiro y el equipo de FutureLearn.

Clientes

Estamos agradecidos a todos nuestros clientes.

El mayor aprendizaje para cualquier facilitador sucede en las sesiones. Por ello, estamos enormemente agradecidos a nuestros clientes por la fe que han depositado en cada sesión y taller de LEGO® Serious Play® que nos han permitido facilitar.

Fotos

Durante muchos talleres a lo largo de los años, tomamos, para nuestros clientes, fotos en las reuniones y talleres para registrar lo que sucedía.

Cuando las tomamos, no pensábamos en escribir un libro; sin embargo, LEGO® es una herramienta visual y estamos contentos de poder crear un libro con fotos —muy coloridas— de personas haciendo un **"trabajo serio"** con LEGO®.

Nuestro especial agradecimiento a Julien Carlier, Mieke Barbé, Agnieszka Ziemiańska, David Lardier, Karin Krogh, Thomas Vig, Hans Ravnkjær Larsen, Valérie Guillet, Anette Palm, Janet Skorepa, Deborah Sexton, Richard Tyrie, Federico Toja, Serge Radovcic, Axel Pawlik, Jochem de Ruig, Kaveh Ranjbar, Paul Rendek, Andrew de la Haye, Dr Marianne Guldbrandsen, Milad Ahmed, Richard Ball, Christina Lindeberg, David Dawson, James O'Halloran, Louise Prideaux, Linda Drew, Karen Brown, Elizabeth Rouse, Lawrence Zeegen, Laura Gander-Howe, Anna-Liisa Reinson, Inga Keldo, Kaspar Kalve y Justin Buck.

También estamos agradecidos al artista de LEGO® Sean Kenney por permitirnos la reproducción de una foto de una de sus esculturas de osos polares de LEGO®. Gracias también a Michi Yahata del estudio de Sean.

Ayudantes, probadores, correctores

Hemos sido afortunados al recibir ayuda para corregir y poner a prueba las ideas de este libro. Es considerablemente mejor gracias a Caroline Jessop, Paul Brown, Tammy Seibert, Kersti Peenema y Madis Talmar. Gracias a todos vosotros.

Socios que contribuyeron a este libro

Estamos igualmente muy agradecidos de tener socios que han compartido sus experiencias, consejos, historias y conocimientos. Este libro es mucho más completo gracias a sus brillantes contribuciones. Gracias por creer en nosotros. ¡Creemos juntos el futuro de LEGO® Serious Play®!

Edición española

Un gran agradecimiento a Mia por todo su tiempo y pasión, que se tradujo en la traducción al español de SeriousWork y la creación de la edición impresa. ¡Muchas gracias!

Introducción

El objetivo de este libro es mostrar cómo facilitar reuniones y talleres basados en LEGO® Serious Play®.

Fue escrito como un práctico manual, y ofrece casos reales, guías paso a paso y plantillas de aplicaciones típicas de Nivel 1 que puede adaptar a sus propias necesidades.

Está dirigido a directivos, líderes, facilitadores, coaches y profesionales del desarrollo empresarial que pretenden ayudar a los equipos a trabajar mejor juntos.

Convertirse en un facilitador eficaz y profesional de LEGO® Serious Play® requiere aprender mediante la práctica y asistir a un programa de capacitación como única manera de dominar las habilidades que se muestran en este libro.

Nuestra esperanza es que este libro brinde suficiente conocimiento para probar técnicas básicas de LEGO® Serious Play® para la fijación de objetivos, la generación de ideas, la formación de equipos, y la armonización de la visión, los valores y los comportamientos.

Vivimos en un momento complejo y complicado en el que el cambio tecnológico, ambiental, social y político demanda que comprendamos mejor las consecuencias sistémicas de nuestras decisiones.

Al escribir este libro también teníamos un propósito mayor: **Ayudar a legitimar un método brillante y poderoso.**

LEGO® Serious Play® - Tres Niveles

NIVEL 3
Modelos sistémicos

NIVEL 2
Modelos compartidos

NIVEL 1
Modelos individuales

El enfoque **principal** es el **Nivel 1: Construcción Individual de Modelos.**

MANIFESTO GUIDING PRINCIPLE

HELP PEOPLE TO SEE SOMETHING
DIFFERENT

MANIFESTO VALUES
COLLABORATE
TO CREATE GREAT WORK

Modelos de un 'Principio Guía Simple' y un valor creados durante un taller para la agencia Londinense Manifesto Digital.

Resultados de los talleres, como éstos, creados por los participantes, dan vida a las ideas. **Consulte la Parte 5.5 para leer y ver el proceso que dió estos modelos como resultado.**

Parece paradójico que las piezas de LEGO®, un producto concebido como un juguete para niños, permitan a los equipos comunicarse de manera más efectiva y permitan explorar problemas organiza-tivos complejos (especialmente, con el nivel de construcción tres, Build Level 3).

Legitimar LEGO® Serious Play®

Al comprar este libro y utilizar LEGO® Serious Play® para analizar los desafíos de negocio, también ayudan a legitimar las herramientas de análisis de procesos que desearían haber conocido hace años. Gracias por unirse a nuestra búsqueda.

Síntesis de LEGO® Serious Play®

LEGO® Serious Play® fue creado a mediados de los 90 por los profesores Johan Roos y Bart Victor para permitir a los directivos describir, crear y cuestionar sus puntos de vista sobre sus negocios.

Hoy en día, el método LEGO® Serious Play® se utiliza en todo el mundo en organizaciones como:

Airbus, Fujitsu, Toyota, Coca-Cola, Fedex, Google, MasterCard, Microsoft, NASA, Nissan, Pfizer, Proctor y Gamble, Target, Telia Telco, Unilever, Waitrose and the World Bank Group; en universi-dades reconocidas como Harvard, MIT, Cambridge, IMD and Oxford; en organizaciones internacionales como la UE, UNESCO, UNDP; y por ministerios y departamentos gubernamenta-les de: Dinamarca, Estonia, Turquía y Reino Unido, ¡por nombrar solo unos cuantos!

¿Qué es LEGO® Serious Play®?

Al preguntar sobre LEGO® Serious Play® es probable recibir respuestas variadas. ¿El motivo? Son muchas cosas en un mismo "paquete".

LEGO® Serious Play® es un método

Es un método sistemático que usa las piezas de LEGO® para resolver problemas, explorar ideas y lograr objetivos.

LEGO® Serious Play® es un proceso

Es un proceso estructurado por el cual los participantes piensan, construyen, cuentan una historia, reflexionan y perfecciona la comprensión compartida de un tema.

LEGO® Serious Play® es una herramienta de comunicación o lenguaje

LEGO® Serious Play® permite tres modos de comunicación: visual, auditiva y sensorial. Las construcciones, o modelos, favorecen una mejor expresión, una escucha más atenta y una mejor retención. Los modelos compartidos permiten a los equipos entender las interpretaciones de los demás y crear un significado común más profundo de sus ideas clave.

LEGO® Serious Play® es un servicio

Es un servicio proporcionado por facilitadores, formadores y coaches que usan piezas de LEGO®, además de otros materiales y herramientas variadas, para ayudar a individuos y equipos a marcarse objetivos poderosos y obtener mejores resultados.

LEGO® Serious Play® es una filosofía

Como filosofía, LEGO® Serious Play® es un modo participativo de liderazgo democrático, inclusivo, alegre, constructivo y orientado a los objetivos.

LEGO® Serious Play® es un producto

También es una gama patentada de productos y una marca registrada de LEGO® Corporation. LEGO® patentó LEGO® Serious Play® a través de su división Executive Discovery a principios de 2001 como "un programa, un método y unos materiales para mejorar el pensamiento creativo, la comunicación, la toma de decisiones y la planificación estratégica". Patente estadounidense n.º 20020103774-A1.

LEGO® Serious Play® es una herramienta para celebrar reuniones efectivas

Hemos observado la capacidad de LEGO® Serious Play® con individuos o grupos de todos los tamaños, tanto en intervenciones breves de 10 minutos como en talleres de cinco días.

LEGO® Serious Play® - un proceso para mejorar la innovación y el desempeño

A partir de investigaciones[3] que muestran cómo gracias al aprendizaje proactivo integral se logra una comprensión más profunda y significativa del mundo y sus posibilidades, la metodología LEGO® Serious Play® ahonda en el proceso de reflexión y permite la comunicación efectiva en la organización.

[3.] Vgl. Kristiansen & Rasmussen (2014) Building Better Business using the LEGO® Serious Play® Method.

El proceso de hacer algo, lo contamos más abajo, conduce a conversaciones más valiosas, más perspicaces y más honestas.

El proceso creativo de manipular piezas impulsa al cerebro a funcionar de una manera diferente, abriendo nuevas perspectivas.

Cuando los participantes construyen un objeto para representar lo que creen que es importante sobre el tema en cuestión, se eliminan los inconvenientes del poder jerárquico y esto permite a las personas centrarse en las ideas.

A diferencia de las típicas conversaciones en el trabajo, en las que una personalidad dominante identifica los "asuntos clave" al principio y luego el resto de la conversación continúa a partir de ahí, en LEGO® Serious Play®, todos construyen y todos comparten, lo que tiene como consecuencia reuniones más democráticas que garantizan la igualdad del tiempo para todos los participantes.

De hecho, el proceso de construcción y colaboración suele generar ideas que simplemente no hubieran surgido en conversaciones normales.

Cuando damos forma a nuestra imaginación construyendo conceptos, hacemos tangibles y compartibles nuestras ideas. Esto nos ayuda a reflexionar mejor sobre ellas y permite que otros reflexionen con nosotros.

A modo de analogía, LEGO® Serious Play® es como hacer impresiones en 3D de tus propios pensamientos.

Los modelos permiten que otros "vean" los pensamientos y hagan preguntas sobre ellos.

LEGO® Serious Play® crea un ambiente participativo práctico, donde la actividad se percibe como significativa, las habilidades de uno están en equilibrio con el desafío que se trabaja, y uno tiene las herramientas necesarias para expresar y comunicar el nuevo conocimiento que va surgiendo.

Organización y alcance del libro

Al ser este un manual, este libro no cubre la historia de LEGO® Serious Play® ni la teoría o base científica que sustentan la metodología LEGO® Serious Play®[4].

Parte 1 - exploramos la mentalidad facilitadora del líder participativo:

Presentamos la idea del liderazgo participativo como un modo de liderazgo avanzado y efectivo que los tiempos de hoy requieren.

Adopten la idea de que la facilitación es una faceta del liderazgo participativo para liderar personas inteligentes que trabajan en desafíos complejos.

[4] „Building Better Business Using The LEGO® Serious Play® method" de Rasmussen & Kristiansen.

Debido a que los líderes participativos trabajan juntos para obtener lo mejor de sus participantes, esto, inevitablemente, sugiere que poseen una mentalidad facilitadora.

Esta es una idea importante que respalda el método LEGO® Serious Play®, que valora igualmente las aportaciones de cada persona, fomenta el pensamiento creativo y diverso, y permite a los participantes comprender las ideas de manera sistemática.

Esperamos que vean que, a pesar de su nombre, LEGO® Serious Play® es más que una moda entre un grupo de entusiastas de LEGO®, y que vean que es una forma de ser un líder participativo.

A continuación, abordamos los "fundamentos de la facilitación" y le guiamos al marco de competencias esencial del facilitador promovido por la Asociación Internacional de Facilitadores.

Parte 2 - explicamos el paso vital en la planificación de cualquier reunión o taller, la fijación de objetivos:

Tener claros los resultados y objetivos de su reunión.

Puede parecer obvio, pero como facilitadores profesionales, esa es la parte en la que a menudo agregamos valor real, y es el paso que determina gran parte del proceso que se utilizará en las reuniones.

Como los objetivos prevalecen sobre el orden del día, esperamos que nunca vuelva a utilizar un orden del día tradicional y, en su lugar, use objetivos para dirigir sus reuniones.

Parte 3 - presentamos las ideas y normas principales que sustentan todas las reuniones y talleres con LEGO® Serious Play®.

A continuación, hablamos sobre las piezas y ofrecemos ideas sobre dónde y cómo obtenerlas. También damos ideas sobre el volumen y qué tipo de productos se necesita para sacar lo mejor de los participantes en diferentes tipos de talleres.

Parte 4 - mostramos cómo brindar a los participantes las tres habilidades básicas de LEGO® Serious Play®.

Describimos cómo brindarles habilidades de construcción técnica, el uso de metáforas y habilidades para contar historias usando los modelos LEGO®. Posteriormente, mostramos cómo ayudar a los participantes a compartir y escuchar mejor que en las reuniones tradicionales.

Estas habilidades liberarán a los participantes de sus preocupaciones por haber usado LEGO® antes (o en muchos años), y les permitirán expresar ideas, conceptos, sentimientos, hechos, reflexiones y conocimientos de una forma muy potente utilizando tan solo unas cuantas piezas.

Parte 5 - presentamos cinco talleres.

Damos instrucciones detalladas de facilitación sobre cómo preparamos, ejecutamos y realizamos cinco talleres reales.

Exponemos estos casos para que puedan ver cómo se han aplicado estas ideas en la práctica y qué productos y resultados se han obtenido.

También indicamos la página web desde la que descargar las plantillas para uso propio.

Parte 6 - nuestros socios comparten historias, consejos y experiencias en la ejecución de cientos de talleres de LEGO® Serious Play®.

Posteriormente, arrojamos ideas sobre cómo administrar el tiempo, los errores que debemos evitar y cómo hacer LEGO® Serious Movies.

Parte 7 - aportamos ideas sobre cómo convertirnos en profesionales virtuosos y explicamos por qué leer un libro nos hará seriamente incompetentes.

Presentamos tres maneras de desarrollar nuestras habilidades para destacar en una creciente comunidad de facilitadores de LEGO® Serious Play®.

Creemos que el libro tiene más sentido si se lee en el orden descrito puesto que hay conceptos introducidos en capítulos anteriores a los que se hace referencia en capítulos posteriores.

Parte 1

La mentalidad facilitadora del líder participativo

La mentalidad facilitadora del líder participativo

LIDERAZGO PARTICIPATIVO - UN PARADIGMA DE LIDERAZGO PARA UN MUNDO COMPLEJO

El paradigma del liderazgo participativo se basa en el **respeto** y el **compromiso**.
Concentra constructivamente la energía de cada encuentro interpersonal.

Como modelo de liderazgo más progresivo, democrático y eficaz, **alimenta la diversidad, fortalece la comunidad** y **crea un sentido de responsabilidad compartida**.

Intensifica el **aprendizaje** individual y colectivo logrando **un desarrollo y crecimiento reales**.

Liderazgo participativo

Este capítulo:

Defiende que el liderazgo participativo sea un instrumento para guiar a las personas en un mundo complejo.

Recomienda que una mentalidad facilitadora sea la forma de ser de un líder participativo.

Propone el método LEGO® Serious Play® para que los líderes participativos lleven a sus equipos al pensamiento y trabajo colaborativos.

¡¿No hay participación?!

¿De qué sirve mantener una reunión en la que las personas no participen?

Muchos profesionales han experimentado "reuniones agonizantes" en las que lo que no se acoge de buen grado lo que la gente realmente piensa o en las que el 20 % de las personas habla el 80 % del tiempo.

¿Le suena? ¿Sabe de lo que hablamos?

Seamos honestos, si alguna vez ha sentido que su participación no era deseada (o que no se tuvo en cuenta) no fue porque no tuviera nada que aportar, sino porque en la mente del líder de la reunión, su contribución no era tan importante.

Se podría decir que no se trataba de un líder participativo.

Participación

La participación es una mejor forma de liderar y es la alternativa para orientar a las personas en tiempos de cambio sin precedentes.

El ritmo del cambio se ha disparado y se espera que siga acelerándose impulsado por la innovación tecnológica, el crecimiento y los desafíos de la globalización, las presiones ambientales y las nuevas expectativas y actitudes sociales en relación con la política, la sociedad y la cultura.

Esto significa que ningún líder o administrador puede resolver solo los problemas resultantes a los que se enfrentan sus organizaciones. Tienen que involucrar a sus equipos y socios, dentro y fuera de sus organizaciones. En otras palabras, han de facilitar la participación de equipos de personas brillantes para lograr resultados comunes significativos.

Sin embargo, hay un problema de participación que es demasiado frecuente en la cultura del liderazgo contemporáneo. Mientras que algunos líderes dicen estar encantados el debate abierto, a menudo, inconscientemente, actúan con

"estrategias" de control y autoprotección por miedo a perder la autoridad o a parecer tonto.

Los académicos Argyris y Schön[5] sugieren que, si bien los líderes apoyan verbalmente la teoría y dicen que quieren involucrar a los demás, sus acciones reales intentan "controlar y proteger".

Hoy en día, por un lado, se espera que los líderes contemporáneos sean claros, poderosos y decisivos. Por otro lado, debido a una mayor complejidad, tienen que contar con muchas personas diferentes y entablar una conversación franca sobre sus problemas.

Algunos líderes luchan por equilibrar estos dos objetivos en conflicto, y en algunas culturas organizativas, se valora y promueve la "confianza en sí mismo" o la apariencia de tener el control, en detrimento de una forma más sabia y más democrática para buscar y participar de forma compartida.

Una reunión agonizante: un directivo convoca una reunión, algunas personas hablan mucho, algunas están en las nubes y otras tienen la nariz pegada a sus dispositivos móviles.

Se da una interacción ocasional entre unos pocos, pero la relación entre los participantes activos y pasivos está muy inclinada hacia los últimos. Nadie está escuchando realmente, tratando de comprender las perspectivas o puntos de vista de los demás.

Hay buenas razones por las que los investigadores del comportamiento organizativo han identificado las reuniones como la fuente más grave de ineficiencia en los equipos actuales.

La mayoría de nosotros no ha recibido capacitación formal sobre cómo participar en una reunión. A menudo, los objetivos no están claros y, a veces, los participantes pueden no adecuarse a los objetivos de la reunión. Con frecuencia, las "reglas de comportamiento" se dejan a la interpretación individual y en el peor de los casos, las culturas tóxicas o punitivas sacan lo peor de cada uno. Y muchas veces, el proceso no está claro, siendo la palabra "debate" el modo fijo (y muy pobre) de intercambio de opiniones.

Eso es una reunión agonizante y, lamentablemente, la mayoría de nosotros las ha experimentado. Esto se puede evitar utilizando los principios del liderazgo participativo.

La filosofía de LEGO® Serious Play® se basa fundamentalmente en el liderazgo participativo.

Si bien este no es un libro sobre liderazgo, queremos abordar brevemente por qué LEGO® Serious Play® ayuda a resolver estas dificultades tan frecuentes.

LEGO® Serious Play® es un método democrático y participativo que permite a todos los integrantes

---

[5] Argyris y Schön, 1974, *Theory in Practice*

pensar primero activamente e individualmente, y luego contar la historia de sus pensamientos antes de reflexionar colectivamente sobre el significado común de lo compartido.

En los niveles de construcción superiores, LEGO® Serious Play® crea paisajes de todos los "agentes" o factores que deben tenerse en cuenta. El método permite a los grupos explorar consecuencias no deseadas y reconocer patrones que facilitan la decisión sobre el curso a seguir y la comprensión de los principios rectores adecuados.

Todo esto a partir de un producto que se concibió como juguete y se convirtió en "herramienta".

Es un poco como Internet, un producto inicialmente ideado para facilitar el intercambio y la actualización de información entre académicos. ¿Quién habría imaginado en 1989 que una herramienta utilizada principalmente por unos pocos cerebritos se iba a convertir en lo que es hoy?. Igual que Internet no lo usan solo los académicos, las piezas han encontrado su camino hacia el trabajo serio.

Un producto diseñado como juguete, ha encontrado otro propósito muy potente y muy serio en el mundo laboral.

LEGO® Serious Play® es trabajo serio

Algunos somos críticos. Escuchamos la frase "LEGO® Serious Play®" y pensamos: "ya viene la última moda en gestión". A menudo, podemos leer estas reservas en el lenguaje corporal de nuestros participantes al comienzo de un taller. Y, mientras algunos tienen dificultades iniciales con el proceso, la gran mayoría de escépticos cambia de opinión tras experimentar de primera mano la capacidad de LEGO® Serious Play®.

Una de las limitaciones de esta herramienta es claramente el prejuicio, comprensible, hacia su nombre.

Sí, el proceso usa piezas de LEGO®.

Sí, el proceso puede ser intenso y absolutamente absorbente para el JUGADOR y SÍ, se centra en asuntos serios de la organización.

No se trata de "espacio lúdico en la empresa", se trata de "trabajo serio", de ahí el nombre de este libro.

Una mentalidad facilitadora es el estilo de un líder participativo.

Los días en que una sola persona controlaba el flujo de la información ya se acabaron.

Tal como sugieren Argyris y Schön, puede ocurrir de manera inconsciente o involuntaria: los directivos, al ser demasiado dominantes en las conversaciones, involuntariamente, silencian a los demás y ocultan información.

Se dice que las cualidades de un buen líder son tomar la iniciativa, controlar la situación y defender con confianza el propio punto de vista. Sin embargo, estos comportamientos también pueden percibirse como ser crítico, agresivo u obstinado.

El papel que desempeñan los líderes facilitadores es diferente.

Este modo de liderazgo generalmente asume comportamientos basados en la investigación y la exploración. En lugar de decir qué hacer, facilitan la comprensión sobre el tema en cuestión y permiten que las personas encuentren las mejores formas de adaptarse a las situaciones.

En lugar de ordenar y determinar las acciones que hay que adoptar, comparten información, y fomentan y apoyan el aprendizaje mutuo.

Los colaboradores no están obligados a seguir un camino determinado, sino que disponen del tiempo que necesitan para reflexionar y proponer sus propias ideas.

Los líderes participativos o facilitadores crean condiciones que permiten que todos los estilos de aprendizaje, activos, reflexivos, teóricos y pragmáticosr[6], se relacionen armónicamente con el tema en cuestión. Individualmente y como grupo.

Desarrollar una mentalidad participativa es una habilidad fácil de aprender si hay un deseo realmente genuino de adquirirla:

El valor central que sustenta una mentalidad facilitadora es querer una **participación** verdaderamente auténtica y grupal.

El interés está en lo que los demás piensan *realmente*, sin importar la emoción de la persona, pero con vistas a la diversidad de opiniones y grupos.

Y sucede que LEGO® Serious Play® es excelente para facilitar la participación.

LEGO® Serious Play® brinda la oportunidad a los líderes participativos de apoyar a los equipos en la resolución conjunta de problemas.

LEGO® Serious Play®, una herramienta participativa

LEGO® Serious Play® se basa en cinco supuestos sobre liderazgo organizativo:

- Los líderes no tienen todas las respuestas. El éxito requiere escuchar todas las opiniones.

- Los colaboradores quieren contribuir, participar y asumir responsabilidades.

- La participación de todos propicia empresas más sostenibles.

- A menudo, los equipos trabajan de manera subóptima, dejando el conocimiento total del equipo sin explotar.

- Vivimos en un entorno global complejo que requiere un enfoque sistémico.

Esos cinco supuestos se establecieron por parte del equipo de LEGO® en los primeros años del desarrollo de la metodología LEGO® Serious Play®.

También resuenan profundamente con nuestras creencias sobre el liderazgo participativo.

No. No es un "Nos llamamos pronto, ¿de acuerdo?".

En el mundo de los negocios existen un montón de frases hechas que están de moda, pero que suelen haber perdido sentido. Para intentar que "liderazgo participativo" no se convierta en una de ellas, explicamos de forma práctica su aplicación en el día a día en acciones de planificación, dirección o facilitación de reuniones participativas.

La Asociación Internacional de Facilitadores (IAF) tiene un excelente marco de competencias: estándares que los Facilitadores Certificados Profesionales han demostrado que funcionan en

[6]. Honey y Mumford, Learning Style Theory

los procedimientos de certificación revisados por sus pares.

Como la IAF es un secreto bien guardado, vale la pena exponer brevemente un resumen de las seis competencias porque, como verán, estas son

Cuando facilite, ¡no participe!

Una tensión inherente a la idea del liderazgo participativo es la facilitación de reuniones en las que uno defiende su propia opinión o está involucrado emocionalmente. Es casi imposible facilitar un proceso grupal y al mismo tiempo representar los propios intereses.

El riesgo obvio es ser dogmático y pretender facilitar, pero en realidad manipular el proceso para garantizar que el grupo acepte SU IDEA u OPINIÓN.

La misma definición de dogmático sugiere que no tiene mucho sentido tratar de facilitar un proceso participativo si a uno le importan poco los puntos de vista o las perspectivas de los demás.

En circunstancias como esta, los facilitadores externos, ya sean externos a la organización o simplemente a su equipo o departamento, pueden ser de gran ayuda.

Debe asegurarse de que su opinión se escuche junto a la de otras personas, para que pueda explorar lo que las ideas de los demás podrían significar antes de buscar el consenso.

cualidades que, según nuestra definición, los líderes participativos también tienen:

Marco de competencias de la IAF: Seis competencias[7]

Según la IAF, el facilitador profesional:

A. Crea relaciones colaborativas

Desarrolla alianzas laborales, y diseña y personaliza las herramientas para satisfacer las necesidades del cliente (o el equipo).

B. Planifica procesos grupales adecuados

Selecciona métodos y procesos claros, programa el tiempo y prepara el espacio para apoyar los procesos de grupo.

C. Crea y estimula un entorno de participación

Demuestra habilidades efectivas en comunicación participativa e interpersonal.

Honra y reconoce la diversidad, asegurando la inclusión. Gestiona los conflictos en el grupo y estimula la creatividad del mismo.

D. Guía al grupo hacia resultados útiles y apropiados

Con métodos y procesos claros, facilita la autoconciencia del grupo sobre su tarea para lograr el consenso y los resultados deseados.

E. Refresca y mantiene el conocimiento profesional

[7] Esta es la versión resumida. Vea la lista completa en https://www.iaf-world.org/site/es/professional/core-competencies

Mantiene sus conocimientos al día y conoce una amplia gama de métodos de facilitación.

F. Modela una actitud profesional positiva

Practica la autoevaluación y la autoconciencia, actúa con integridad, confía en el potencial del grupo y mantiene una postura neutral.

Hay también seis competencias de liderazgo participativo

Y, como esperamos que descubra con este libro, LEGO® Serious Play® puede ser un método que incorpore sin esfuerzo la mayoría de estas competencias gracias a las aportaciones de experiencias de facilitadores profesionales.

Partiendo de objetivos claros, LEGO® Serious Play® es una forma de mejorar la comunicación y la colaboración a través de la participación colectiva. Al mismo tiempo, aporta energía y enfoque a las reuniones y los talleres.

LEGO® Serious Play® habilita el gran potencial sin explotar de la mente colectiva para crear una visión compartida, y a veces inesperada, para lograr los resultados deseados.

El modelo de reuniones excelentes

Las reuniones excelentes:

Son **participativas**: los colaboradores están presentes con un compromiso intelectual, emocional y energético completo.

Tienen un **propósito**: motivan a las personas con un propósito superior convincente y tienen objetivos específicos y claros.

Tienen un **proceso** diseñado para alcanzar los objetivos de la reunión, maximizando la energía y la diversidad.

Son **transparentes**, armonizando la atención de todos los participantes en la reunión y generando acciones y medidas claras.

Se desarrollan en un **ambiente saludable**: generan auténtico respeto mutuo y resultan en un aprendizaje real individual y colectivo que a su vez crea una cultura organizativa enérgica y vibrante.

Si sus reuniones no son excelentes, le recomendamos que utilice estos principios en el futuro.

Ahora toca centrarnos en los resultados deseados

En la parte 2 hablamos de resultados, porque se hacen reuniones para lograrlos, ¿verdad? Así que, antes de adentrarnos en lo esencial de LEGO® Serious Play® en la parte 3, abordaremos brevemente la importancia de la fijación de objetivos para planificar reuniones que den los resultados deseados.

Modelo de reuniones excelentes: Principios básicos

Igual que hay una manera excelente de hornear un soufflé, golpear una pelota de golf o aterrizar un avión, hay una manera excelente de facilitar una reunión.

El Modelo de reuniones excelentes se basa en investigaciones teóricas y experiencias prácticas que dan lugar a principios que son aplicables a casi todo tipo de reuniones.

Participativo
Unas presentaciones conjuntas basadas en una actitud participativa generan una participación intelectual, emocional y cargada de energía

Principios para conseguir reuniones productivas

Ambiente saludable
Un ambiente saludable...
-logra respeto
-hace posible un entendimiento profundo
-crea una cultura dinámica

Orientado a los objetivos
Las reuniones centradas en los objetivos...
-tienen contenidos adecuados
-tienen unos objetivos claros y específicos
-se concentran en los resultados

Transparencia
La transparencia dirige y canaliza...
-la energía común
-los conocimientos compartidos
-la obtención de enseñanzas

Procesos
Los procesos se conciben para...
-alcanzar los objetivos y los resultados
-maximizar la energía y la participación
-aprovechar la diversidad

Estos cinco principios, ideados por el autor Sean Blair e inspirados en las mejores prácticas del mundo de la facilitación, han demostrado ser sólidos durante más de diez años. Puede pensar en ellos como los principios centrales que un facilitador o un líder participativo demuestra cuando trabaja con grupos de personas.

Parte 2

Resultados, no reuniones

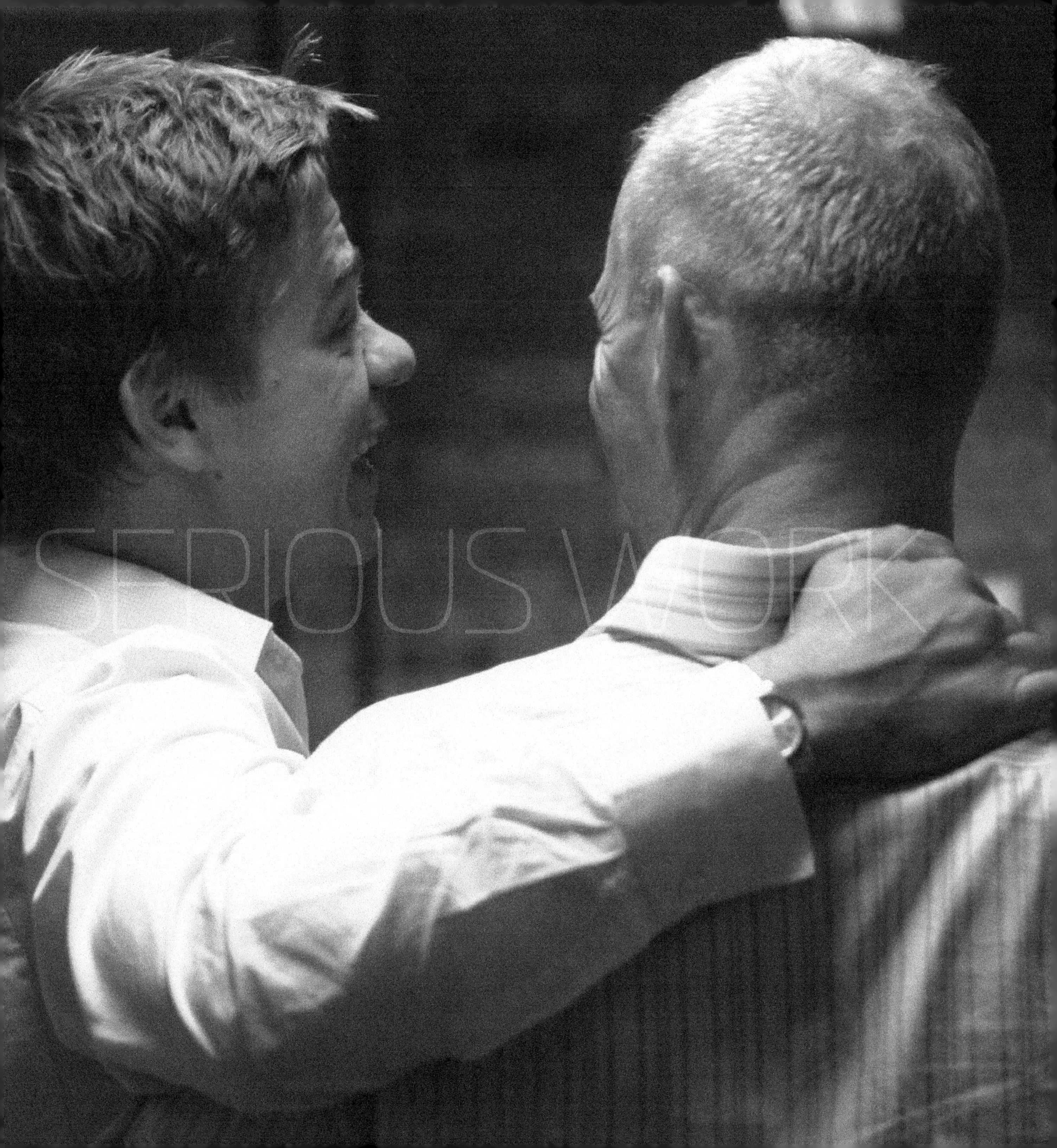
SERIOUS WORK

Resultados, no reuniones

El objetivo de este capítulo es describir el uso de objetivos claros para lograr resultados útiles de las reuniones.

Empezar pensando en el final

Seamos honestos. A nadie le gusta estar en reuniones. Lo que la gente realmente quiere es un resultado. En este capítulo le mostraremos por qué la fase de planificación es clave para mantener reuniones efectivas.

Objetivos, no orden del día

El diccionario inglés Oxford sugiere que la palabra "orden del día" tiene dos significados:

1. lista de cuestiones que se van a debatir en una reunión formal.

2. las intenciones o motivos subyacentes de una persona o grupo en particular.

Estos dos significados son problemáticos para tener reuniones efectivas por dos razones.

1. *"Debatir"* una lista de cuestiones no es una buena forma de ser eficiente en una reunión, y

2. *Lasintenciones o motivos subyacentes ocultos* no generan una cultura sana de reuniones.

Verbo, no verbosidad

En el diccionario, el verbo utilizado en la definición de orden del día es "debatir".

Si lo pensamos bien, es un verbo terriblemente inútil, porque si invitas a un grupo a "debatir", eso es exactamente lo que harán.

Ese es el problema de las reuniones mantenidas según un orden del día...

Algunos debatirán lo que piensan, otros compartirán cómo se sienten y otros se pondrán a buscar nuevos datos sobre el tema del orden del día...

Uno puede querer tomar una decisión, otro puede expresar apoyo, mientras que otros pueden tener preguntas o reservas o, seguir su propio "orden del día" para empeorar la situación.

Y, antes de que nos demos cuenta, habrá mucha gente hablando con intereses opuestos.

Una pesadilla.

Una buena idea es convertir cada elemento de la agenda en un objetivo, descrito con un verbo cuidadosamente seleccionado.

Esto dirigirá la atención del grupo para que todos hagan lo mismo al mismo tiempo.

ProMeet

Encontrará herramientas descargables adicionales de liderazgo y facilitación, además de recursos y estudios de casos de LEGO® Serious Play® (algunos reproducidos en este libro gracias a la generosidad de los clientes de ProMeet) en la siguiente página web:

www.ProMeet.co.uk

El verbo determina el proceso

La selección cuidadosa de un verbo también ayuda a determinar el proceso en cualquier momento dado de la reunión.

¿Verbo de decisión? - Requiere un proceso de toma de decisión.

¿Verbo de creación? - Requiere un proceso de creación.

¿Verbo de planificación? - Requiere un proceso de planificación, y así sucesivamente.

PRUEBE ESTO: Para su próxima reunión, intente convertir cada elemento del orden del día en un objetivo. Este paso de preparación le obligará a pensar en lo que quiere que suceda con cada cuestión del orden del día. Vea un ejemplo en la página 49.

Los objetivos claros son el motivo de las reuniones

Lo ideal es que los objetivos específicos de la reunión se basen en el propósito general de la organización y sus objetivos estratégicos. Unos objetivos bien pensados son más de la mitad del trabajo de planificación de una reunión efectiva. Un objetivo claramente definido influye en el diseño posterior del proceso.

Los buenos objetivos pueden ser exigentes, pero deben ser alcanzables. Cuando las personas tienen claro lo que se intenta lograr, las reuniones funcionan mejor.

La tarjeta del método ProMeet en la página siguiente describe cómo formular buenos objetivos.

La lógica de los objetivos ProMeet

Las reuniones claras y productivas se organizan estableciendo una lógica o jerarquía de objetivos claras.

01: Objetivos armonizados con el propósito superior
Misión, visión o propósito de la organización

02: Objetivos armonizados con la estrategia
Objetivos estratégicos de la organización

03: Objetivos armonizados con la reunión
Objetivos claros y específicos de la reunión

Venza la agonía en las reuniones

Cientos de personas nos han dicho que su versión de "reunión agonizante" se da cuando el propósito de una reunión no está claro.

Así que sugerimos el uso de objetivos y deshacerse del orden del día (y los planes personales).

Como puede ver en el ejemplo de la página 49, esto se puede hacer para cualquier reunión o taller, ya sea con LEGO® Serious Play® o no. Por lo tanto, tiene sentido desarrollar un orden lógico y claro de objetivos.

Método ProMeet - Tarjeta de fijación de objetivos

Descargue esta tarjeta @ www.serious.global/downloads.

Use esta tarjeta para planificar sus reuniones. Convierta cada elemento del orden del día en un objetivo.

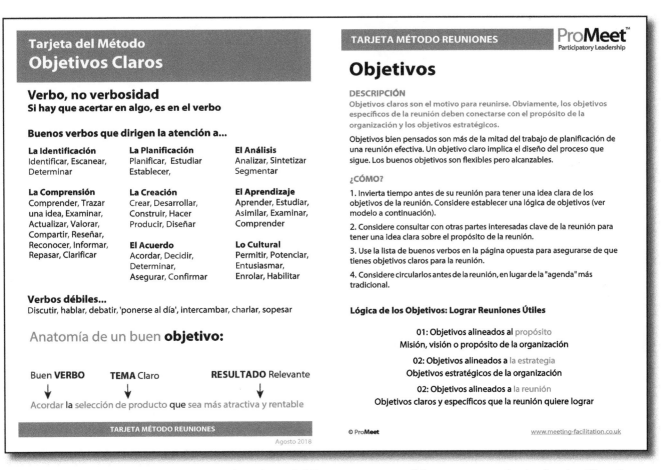

Nota sobre las descargas: Muchas de las ideas del libro son compatibles con un conjunto de plantillas de documentos y archivos PDF que puede descargar, usar y adaptar para sus propias necesidades. Están disponibles gratuitamente en www.serious.global/downloads una vez que se ha registrado en la página web.

Hay que comenzar por dejar claro los objetivos generales, aquellos que encajan con el propósito, la visión o la estrategia, para luego establecer los objetivos específicos de cada sesión y cada cuestión del orden del día.

Un marco común de fijación de objetivos utiliza el acrónimo SMART. Hacer que cada objetivo cumpla con los criterios de ser específico, mensurable, alcanzable, realista y limitado en el tiempo.

Desafortunadamente, esto puede hacer que parezcan complicados. Nuestro enfoque para la fijación de objetivos es más sencillo y acorde con el habla cotidiana.

Reservar tiempo de preparación

Los objetivos de ejemplo de la página 49 proceden de un taller real con 30 participantes internacionales. Fue una reunión costosa e importante, y se requirió tiempo y cuidado para definir los objetivos y el plan del taller (o *guía de facilitación* como lo llamamos). Puede ver 5 ejemplos en la parte 5.

Una reunión con menos personas requiere menos tiempo de preparación, pero igualmente recomendamos utilizar la lógica de objetivos para garantizar que los participantes entiendan cómo lo que sucede en la reunión está interconectado y cómo respalda un conjunto compartido de objetivos comunes de la organización.

Incluso en reuniones con apenas unos cuantos participantes y una hora de duración, vale la pena definir al menos un objetivo.

Taller de inauguración de Live Event

01: Objetivos generales

1. Energizar e inspirar al equipo para comenzar el nuevo ciclo emocionado y motivado.

2. Desarrollar ideas para lograr la excelencia: mejorar.

Estos dos objetivos generales se lograrán mediante la ejecución de seis sesiones.

02: Objetivos de las sesiones

Das Live-Event-Team ...
Sesión 1: Comprender y ampliar la fuente de inspiración de la que el equipo puede "beber".
Sesión 2: Fortalecer el equipo de Live Event.
Sesión 3: Desarrollar una comprensión compartida de nuestra visión colectiva para Live Event.
Sesión 4: Explorar formas y generar ideas para mejorar la experiencia de los participantes.
Sesión 5: Prestar atención a temas de actualidad, necesidades y preocupaciones.
Sesión 6: Planificar las acciones y compartir los aprendizajes del taller.

03: Objetivos de la reunión - Sesión 1: Inspiración
Identificar, compartir y celebrar lo que nos enorgullece
Comprender y mapear la fuente de inspiración de eventos extraordinarios en directo y tecnologías que cambian la vida.
Extraer momentos inspiradores de otros eventos exitosos (Glastonbury, Fórmula 1, finales olímpicas, Burning Man, etc.).

03: Objetivos de la reunión - Sesión 2: Vida del equipo
Apreciar y reconocer las fortalezas que tiene nuestro equipo.
Compartir lo que necesitamos para ser miembros todavía más efectivos de este equipo.
Comprender qué nos ayuda y que nos impide ser un equipo inspirado y de alto rendimiento.

03: Objetivos de la reunión - Sesión 3: Futuro de Live Event:
Explorar la aspiración de identidad de Live Event y crear una visión compartida de lo que queremos llegar a ser.
Identificar los "agentes" (factores o fuerzas) que influyen o en los que influye Live Event, y explorar riesgos y oportunidades.
Crear nuevas oportunidades de servicios o valores previos y posteriores a eventos.

Etc.

Planificación orientada a resultados

Al planificar reuniones importantes, una buena tarea de preparación es preguntar a todos los participantes estas cinco preguntas. Se puede hacer de manera muy eficiente entregando un conjunto de cuadrículas A6 preimpresas y un rotulador, y dando tres minutos.

Alternativamente, se pueden utilizar notas adhesivas A6 (105 mm x 148 mm) o también, y de más bajo coste, recortar hojas A4 en 4 cuadrantes.

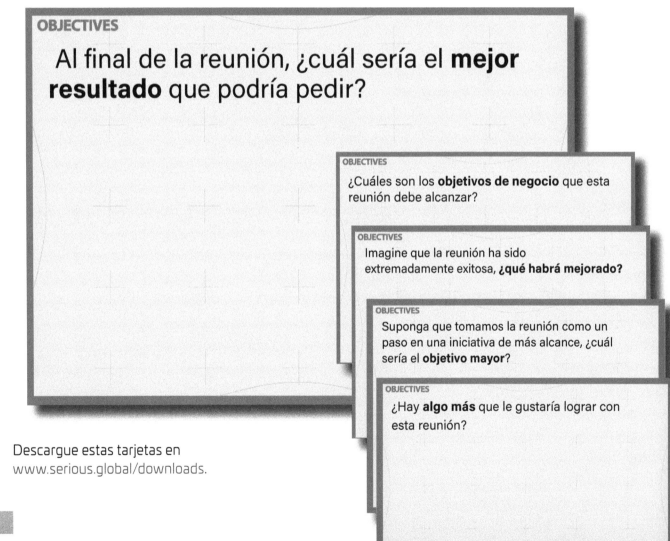

OBJECTIVES

Al final de la reunión, ¿cuál sería el **mejor resultado** que podría pedir?

OBJECTIVES

¿Cuáles son los **objetivos de negocio** que esta reunión debe alcanzar?

OBJECTIVES

Imagine que la reunión ha sido extremadamente exitosa, **¿qué habrá mejorado?**

OBJECTIVES

Suponga que tomamos la reunión como un paso en una iniciativa de más alcance, ¿cuál sería el **objetivo mayor**?

OBJECTIVES

¿Hay **algo más** que le gustaría lograr con esta reunión?

Descargue estas tarjetas en www.serious.global/downloads.

Cinco preguntas excelentes para ayudarle a planificar:

P1. ¿Cuál es el mejor resultado posible de esta reunión?

P2. ¿Cuáles son los objetivos de negocio que debe alcanzar esta reunión?

P3. Imagine que la reunión ha sido extremadamente exitosa, ¿qué habrá mejorado?

P4. Si pensamos en la reunión como un paso dentro de una iniciativa de más alcance, ¿cuál podría ser un objetivo más amplio?

P5. ¿Hay algo más que le gustaría lograr con esta reunión?

Lo que pretende establecer o esclarecer cada una de estas preguntas:

P1. Por encima de todo, ¿qué resultado debe lograrse en esta reunión o taller?

P2. Contexto. Fijar los objetivos estratégicos o de negocio que debe cumplir la reunión.

P3. Comprender qué objetivos de cambio tiene que lograr esta reunión.

P4. Comprender el propósito global del taller o reunión.

P5. Comprender si la reunión puede aportar oportunidades adicionales de agregar valor.

Para leer cómo se utilizaron estas ideas para la preparación de un taller de medio día en Manifesto Digital, vaya a la parte 5.5, pág. 182 >>>

Ejemplo de cómo se utilizaron las preguntas de planificación para preparar el taller con el equipo de Manifesto. (en inglés las respuestas originales)

En nuestro taller se sugirió:

OBJECTIVES	PROCESS	PROCESS
Imagine the workshops have been wildly successful. **What has changed for the better?**	Imagine the workshops have been wildly successful. What has changed for the better? - Team engaged and 'own' the manifesto - Staff more engaged in the company, through taking more responsibility/ownership	Imagine the workshops have been wildly successful. What has changed for the better? The team feel the company has a set a values and a Manifesto they created and believe in.
At the end of this work... **What is the best outcome you'd hope for?**	At the end of this work... What is the best outcome you'd hope for? - Team more able to articulate our values to clients	At the end of this work... What is the best outcome you'd hope for? People consider the values + Manifesto a core part of what it is to work at Manifesto and we all try to work towards them
Suppose we look at the workshops as steps in a larger initiative. **What's the ultimate goal?**	Suppose we look at the workshops as steps in a larger initiative. What's the ultimate goal? More succesful business with experienced team members	Suppose we look at the workshops as steps in a larger initiative. What's the ultimate goal? An ongoing connection for new and existing employees with why we do what we do +/how

... Y cómo las respuestas a esas preguntas se tradujeron en objetivos.

Taller Manifesto

Objetivos generales

Crear un equipo más fuerte con valores compartidos y comportamientos acordados: un nuevo manifiesto para Manifesto Digital

Objetivos del taller

Compartir los objetivos del taller

Evaluar el nivel actual de desarrollo del equipo

Desarrollar las habilidades básicas de LEGO® Serious Play

Compartir la visión de Manifesto 2017 con el equipo

Acordar un léxico para el taller

Identificar los valores centrales de Manifesto

Identificar los comportamientos positivos centrales que necesita Manifesto

Identificar los comportamientos negativos centrales que no necesita Manifesto

Identificar los principios rectores básicos de Manifesto

Aclarar qué sucederá después con este trabajo.

Fotografiar los modelos (Sean - durante el almuerzo)

Guiones de facilitación

Los guiones de facilitación son tanto una herramienta de planificación como una hoja de ruta para el facilitador.

Una vez que están claros los objetivos del taller, hay que planear paso a paso el proceso y preparar los guiones.

SERIOUSWORK

| Objetivos generales | | | |
| Crear un equipo más fuerte con valores compartidos y comportamientos acordados | | | |
Hora	Sesión	Objetivo	Proceso/Notas
8:00	Montaje	Preparar la sala para atender las necesidades de las personas y del taller	Sean monta la sala para atender las necesidades del taller. El montaje incluye: • Pantalla/ordenador/altavoces • 4 mesas para 5 o 6 personas • Mesas para las piezas • Mesas para los modelos acabados
9:30	Llegada participantes		9:00 para empezar a las 9:30
10:00	Bienvenida y objetivos	Compartir objetivos del taller	Jim da la bienvenida Preparar "la situación": explicar los objetivos
10:05	Construcción de habilidades de LEGO® Serious Play®	Adquirir las habilidades básicas de LEGO® Serious Play®.	1. **Técnica:** Construir un modelo de torre > Reflexión: Usar el modelo para contar tu historia Música: Snap out of it 2. **Metáfora:** ¡Explique esto! - usar diapositivas > Reflexión: Una pieza puede significar cualquier cosa. No se requieren construcciones elaboradas. ¡Escuche con sus ojos!
			3. **Narración:** Construya un modelo de sus vacaciones soñadas > Reflexión: Confíe y piense con sus manos, cuente la historia del modelo, no la formada en su mente Música: Love Vibration

Prepare reuniones exitosas con guiones de facilitación

Objetivo general: El objetivo que engloba el taller entero. Dejar esto claro antes de definir los objetivos y el proceso es clave. Ver parte 2

En algunas culturas, el tiempo es un concepto flexible. Agregar tiempo al principio si se encuentra en un país o cultura policrónicos.

Nombre de la sesión: en las empresas en las que haya que enviar "el orden del día" antes de la reunión, es preciso usar las primeras tres columnas. Tiempo, sesión y objetivo. No distribuya sus guiones de facilitación.

El objetivo de cada sesión. Un objetivo claro requiere su proceso particular.

Columna de procesos: lista de verificación mientras se prepara. Guion cuando facilite.

Prepárese para el éxito

Después de haber definido los objetivos de su reunión, dedique tiempo de planificación para esos objetivos.

Descargue, modifique o cree su propia versión de nuestra plantilla del "guón de facilitación" para diseñar el proceso por el que podrá obtener el resultado deseado. Se requiere una gran cantidad de materiales y logística para una reunión de LEGO® Serious Play®.

Piense en las notas de facilitación como una herramienta de planificación y una hoja de ruta para que pueda tener su atención en las personas, no en el proceso, durante la reunión.

PROPER PLANNING PREVENTS POOR PERFORMANCE

Parte 3

Iniciarse en
LEGO® Serious Play®

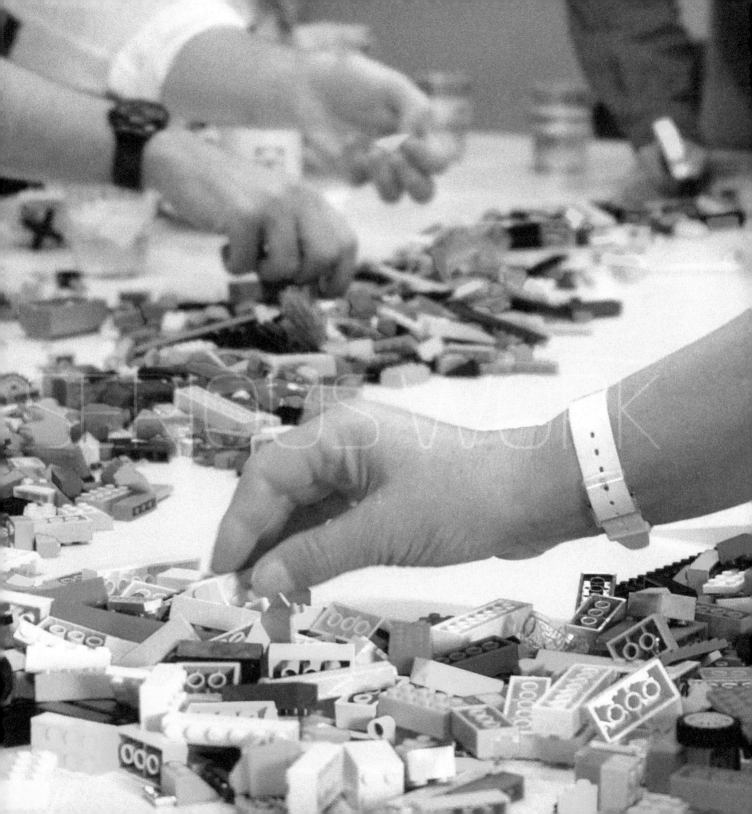

Iniciarse en LEGO® Serious Play®

Los objetivos de este capítulo son:

Dar a conocer las ideas centrales que sustentan el método LEGO® Serious Play®

Proporcionar información sobre qué tipo de piezas son las mejores, dónde obtenerlas y cómo guardarlas

Resumen sobre LEGO® Serious Play®

En 2010, el grupo LEGO lanzó LEGO® Serious Play® Open Source y, al hacerlo, regaló al mundo un proceso brillante. ¡Gracias, LEGO! La compañía quería que los principios y la filosofía del método fueran de libre acceso y, al mismo tiempo, reforzar el conocimiento de los facilitadores que querían utilizarlo.

El proceso fue descrito por LEGO en una guía de código abierto que ofrece una visión general del proceso y cómo usarlo. La licencia Creative Commons permite que todos podamos compartir y adaptar las ideas y procesos del método, siempre que se le otorgue el debido crédito, se comparta un vínculo a la licencia y se indiquen los cambios.

Para mayor transparencia, mostramos a continuación algunas secciones de esta guía, modificadas para tener en cuenta nuestras experiencias con el método.

Qué es y qué no es LEGO® SERIOUS PLAY®

Según la guía Open Source: La metodología LEGO® Serious Play® permite que un grupo comparta ideas, opiniones y supuestos en profundidad para encontrar soluciones significativas a problemas reales gracias a un diálogo enriquecedor y plural.

Un taller de LEGO® Serious Play® normalmente dura un día. En su versión más corta, un taller dura de tres a cuatro horas. Como era de esperar, como el tiempo es escaso en las empresas, se han realizado esfuerzos para reducir el tiempo que requiere un taller de LEGO® Serious Play®.

Si con el ánimo de acortar más los tiempos, un facilitador dejara los ejercicios de Construcción de habilidades y pasara directamente a una tarea compleja alentando a los participantes a competir rápidamente, no sería efectivo.

Los usuarios de LEGO® Serious Play® deben reconocer que las fortalezas del proceso se encuentran en sus ciclos de construcción, reflexión y aprendizaje colaborativo. Es un caso particular de proceso facilitado para fines particulares. Por lo tanto, LEGO® Serious Play® no es un ejercicio divertido para romper el hielo para comenzar una reunión.

LEGO® Serious Play® no es una herramienta para elaborar diagramas organizativos ni para planear entornos físicos (como edificios o espacios de trabajo). Puede usar piezas de LEGO® para estos fines, pero eso no es LEGO® Serious Play®.

Guía LEGO® Serious Play® Open Source

La guía LEGO® Serious Play® Open Source puesta a disposición por LEGO®-Group en virtud de una licencia Attribution Share Alike de Creative Commons.

Para obtener más información sobre la licencia:
https://creativecommons.org/licenses/by-sa/3.0/de/

Licencia Creative Commons

Descargue aquí una copia de la guía Open Source:
serious.global/downloads

La esencia de LEGO® Serious Play®

LEGO® Serious Play® es un método que permite la reflexión constructiva y el diálogo.

En un proceso estructurado, los participantes utilizan las piezas de LEGO® para crear modelos que muestren sus pensamientos, reflexiones e ideas.

La guía de código abierto de 2010 expresó la esperanza de que la creciente comunidad de facilitadores de LEGO® Serious Play® desarrollara nuevas aplicaciones para el método, y la comunidad ha hecho realidad esta aspiración.

Hoy hay cientos de casos de LEGO® Serious Play® en seriousplaypro.com. Abarcan desde actividades antibullying y sesiones de estudio de la Biblia, al modelo canvas de negocio, diseño de servicio o gestión del cambio.

Proceso

En el corazón de LEGO® Serious Play® hay un proceso sencillo, pero potente. Sin embargo, es algo confuso que la guía de código abierto hable de un proceso de tres y otro de cuatro pasos como fundamentos del método.

Muy resumidamente, los pasos son:

1. Establecer el reto > 2. Construir > 3. Compartir, y

1. Contexto > 2. Construcción > 3. Reflexión > 4. Integración

Rasmussen y Kristiansen (2014) sugirieron posteriormente un proceso "esencial de 4 pasos para el método LEGO® Serious Play®".

1. Plantear la pregunta > 2. Construir > 3. Compartir > 4. Reflexionar

Nuestra experiencia nos llevó a concluir que las reuniones y talleres con LEGO® Serious Play® son más efectivos al seguir un proceso de seis pasos. También se puede imaginar como un proceso de dos + cuatro pasos.

Dos pasos vitales en la fase de preparación y, durante el taller, un proceso de cuatro pasos (o ciclos de cuatro pasos) con los participantes. Una breve descripción de lo que sucede en cada paso:

Fase 1: Fijar objetivos

Tal como se describe en la parte 2 de este libro, tener en cuenta el propósito del taller con antelación y el desarrollo de un conjunto claro de objetivos para la reunión es un requisito previo para cualquier reunión o taller exitosos.

Fase 2: Desarrollar las preguntas

Teniendo en cuenta de antemano el objetivo del taller, el facilitador formula seguidamente cada reto de construcción de manera que ayude a revelar ideas, a abrirse a la reflexión y al diálogo, y a alcanzar los objetivos.

Proceso LEGO® Serious Play® para facilitadores

Fase de preparación   Fase del taller

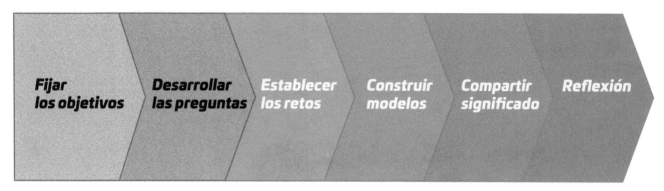

Fijar los objetivos	Desarrollar las preguntas	Establecer los retos	Construir modelos	Compartir significado	Reflexión
El diseño del proceso del taller siempre debe estar al servicio de un conjunto claro y relevante de objetivos.	Desarrollar las preguntas correctas de construcción es clave. Incluso los cambios sutiles en los matices pueden tener un gran efecto.	El facilitador determina una pregunta o desafío que hay que construir.	Los participantes construyen modelos de LEGO® que representan sus reflexiones sobre el desafío planteado.	Los participantes comparten la historia de sus propios modelos y el grupo explora el modelo y su significado colectivamente.	Los grupos reflexionan sobre lo que han creado y buscan niveles más profundos de conocimiento.

Para la experiencia de los participantes, la elección y la formulación del reto de construcción o pregunta son de importancia esencial.

Una buena pregunta debe cumplir estos cuatro criterios:

- Debe ser conocida y comprensible para TODOS los participantes de la reunión;

- Tiene que ser importante y atractiva para TODOS los participantes;

- Debe requerir una combinación de pensamiento sistemático y creativo;

- Idealmente debe fomentar diferentes puntos de vista entre los participantes.

Como esperamos que muestre la breve historia que figura a continuación, es importante desarrollar preguntas de construcción efectivas ya que incluso cambios sutiles en los matices pueden marcar una gran diferencia en lo que las personas entienden y lo que luego construyen.

Fase 3: Establecer los retos

Durante el taller, el facilitador presenta a los participantes un reto de construcción y el tiempo que tienen y, a continuación, les pide que creen con piezas de LEGO® un modelo que exprese los pensamientos o una respuesta al reto de construcción presentado.

Después de presentar un reto, aporte ejemplos para explicar lo que quiere que los participantes exploren con su modelo.

Aprendiendo de los errores. Sean relata:

"Recuerdo un taller en el que uno de los objetivos era ayudar al grupo a pensar creativamente y fuera de una cultura organizativa de mirada introspectiva.

Queríamos que los participantes imaginaran nuevas posibilidades que podrían surgir al asociarse con tipos de organización completamente nuevos.

Instruí a los participantes a que **"construyeran un modelo de una nueva parte interesada, una asociación inusual y mutuamente beneficiosa, que tenga interés en brindar una oportunidad para interactuar con nuestros clientes"**.

Retrospectivamente, esta pregunta-reto era complicada y poco clara.

Tras finalizar el tiempo de construcción asignado, invité a los participantes a compartir las historias de lo que habían construido. Una de las participantes comenzó diciendo que lo había encontrado difícil y se había encallado con la palabra **"inusual"**.

Mi intención fue pedirle a la gente que pensara en nuevas partes interesadas, no en grupos de interés *inusuales*. Mi uso de la palabra inusual había despistado al menos a esta participante, y tal vez a otros.

Acertar con las preguntas-reto es muy importante.

Aprendiendo de los errores. Marko cuenta su experiencia:

"Antes de formarme para facilitar LEGO® Serious Play®, mi primer intento fue un taller de valores. El cliente sugirió que presentara la teoría sobre los valores antes de que comenzara el taller.

Para responder a esta petición, di una charla ampliamente preparada de 1 hora sobre la teoría de lo que constituyen buenos valores, que incluía numerosos ejemplos de casos de los valores acordados en empresas similares.

Después de un largo discurso, finalmente le pedí al equipo: **"¡Ahora construyan buenos valores con las piezas de LEGO®!".**

La sesión que siguió fue desorganizada. Algunos trataron de replicar lo que habían escuchado en la conferencia. Otros decidieron construir valores ideales basados en su experiencia personal. Sin embargo, otro grupo pensó que sería mejor si construían los valores de su organización. Sí, se desperdició mucho tiempo y energía en esta confusión".

Gracias a esta experiencia aprendí dos lecciones.

En primer lugar, comenzar los talleres de LEGO® Serious Play® con demasiada teoría restringe la creatividad.

En segundo lugar, las peticiones abstractas "Construya algo", que no tienen objetivos claros crean confusión.

Practique una pregunta-reto

En la situación de Marko, y asumiendo que no hubiera aburrido hasta las piedras a los participantes durante más de una hora, ¿qué pregunta hubiera sido mejor? Escriba a continuación o en una libreta alternativas mejores a la pregunta sobre nuevos valores.

Verá la respuesta de Marko a continuación.

Por ejemplo: "Desarrolle los mejores comportamientos que haya presenciado en su equipo".

o

"Imagine que los mejores valores en su equipo ideal estuvieran representados con una metáfora de un animal. Construya esta metáfora y explícasela a los demás".

Ambas tareas de construcción habrían sido más creativas y divertidas, pero al mismo tiempo más centradas y orientadas a objetivos.

Fase 4: Construir un modelo

En la fase de construcción, los participantes desarrollan su respuesta a la pregunta-reto con piezas de LEGO®. Al construir sus modelos, los participantes les asignan significado por medio de metáforas, figuras retóricas y la narrativa.

Durante la construcción, los participantes individuales reflexionan y logran una visión más clara y detallada de sus propias reflexiones y pensamientos. El proceso de construcción inspira y apoya el proceso reflexivo, y los participantes tienen la oportunidad de pensar con las manos.

Cuando los participantes usan sus manos para construir modelos tridimensionales de sus reflexiones e ideas, obtienen un acceso más fácil al conocimiento y a la experiencia que se almacena en sus mentes, y cataliza nuevas cadenas de pensamiento.

Fase 5: Compartir el significado

Seguidamente, los participantes comparten las historias detrás de sus modelos.

Es vital que todos participen y cuenten las historias de sus modelos. Uno por uno, cada participante comparte el significado que ha asignado a su propio modelo. Este intercambio en sí mismo ya es parte del proceso de reflexión, ya que los participantes intensifican sus intenciones cuando comparten sus modelos y exploran sus propias expresiones más de cerca.

Aquellos que escuchan también tienen la oportunidad de ser curiosos y explorar en más detalle lo que expresa el narrador a través del modelo, y el facilitador puede hacer preguntas durante el intercambio con el fin de que los participantes reflexionen y compartan más.

Todos comparten lo que piensan y todos son escuchados. Este es un objetivo muy importante de LEGO® Serious Play®: brindar a todos la oportunidad de escuchar los puntos de vista de los demás. Cuando sucede esto, el liderazgo participativo está muy vivo.

Finalmente, compartir ayuda a todos a sentirse dueños de las ideas expresadas y a asumir la responsabilidad de las ideas generadas. Es decir, es más probable que se implementen las acciones.

Fase 6: Reflexión

Después de que cada participante haya compartido el significado de su modelo, pida al grupo que reflexione: ¿Qué patrones, ideas o diferencias se han visto?,¿Cuál es la meta-historia en el grupo ahora?

Comprensión del proceso

Durante el taller, la fase de preparación es irrelevante para los participantes. Sin embargo, puede ser útil explicarles el proceso, durante la fase de construcción de habilidades. En este caso, se muestra a los participantes el modelo de procesos en cuatro pasos más sencillo en un póster A3 o diapositiva.

Proceso del participante de LEGO® Serious Play® SERIOUS WORK

Podrá descargar este póster A3 en www.serious.global/downloads

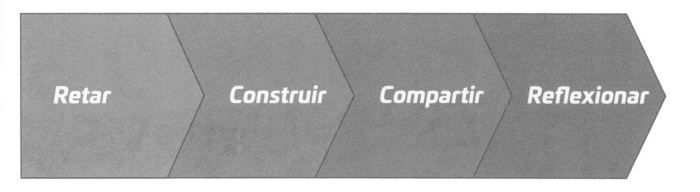

Retar   Construir   Compartir   Reflexionar

LEGO® Serious Play® - Normas de etiqueta

Podrá descargar este póster A3 en www.serious.global/downloads.

El facilitador define las pregunta-reto, los tiempos y el guion para el proceso.

Cada modelo de LEGO® es una respuesta personal a la pregunta-reto.

No hay respuestas erróneas.

Piense con las manos. Confíe en sus manos.

Cuente la historia del modelo.

Escuche con los ojos y con los oídos.

Todos construimos, todos contamos.

Normas de etiqueta para el participante

Otra idea útil de la guía LEGO® Open Source que hemos desarrollado es la de dar a conocer a los participantes unas normas de conducta.

Es aconsejable presentar estas reglas de conducta al comienzo del taller. Lo podrá ver en la parte 4 donde sugerimos que informe a los participantes sobre la etiqueta durante la fase de Construcción de habilidades.

Para grupos pequeños, es más cercano imprimir los textos en un tablero A3. Para grupos más grandes, recomendamos un proyector.

El facilitador plantea los retos de construcción, establece los tiempos y guía el proceso.

Cada modelo LEGO® ES su respuesta personal al reto de construcción, y ...

No hay respuestas erróneas. No hay forma correcta ni incorrecta de construir. El aspecto del modelo no es lo más importante. Invite a los participantes a no juzgar sus propios modelos o, lo que es más importante, los modelos de los demás.

Piense con sus manos. A menudo, los participantes se quedan atascados después de haberse planteado un reto. Dígales: "Confíen en sus manos y pónganse a construir". Lo que cuenta es el significado del modelo y solo la persona que lo construyó sabe lo que significa.

Cuente la historia del modelo. Es vital que los participantes aprendan a comunicarse, compartir

y describir ideas utilizando el modelo. Cuando un participante atribuye un significado especial a su modelo, ¡entonces eso es lo que es! Y todos los demás deben respetar esa opinión.

A veces los participantes construyen un modelo pero, luego, cuando lo tienen que compartir, lo ignoran y cuentan su idea desde sus mentes. Cuando los demás participantes no tienen una construcción en la que fijarse y seguir la idea, su atención se distrae muy rápidamente.

El desafío para el facilitador es ayudar a quienes lo hacen a volver al modelo y contar la narración del modelo desde el modelo.

Escuche con sus ojos. Anime a los participantes a mirar el modelo que se está compartiendo, y usen el sentido visual para captar y comprender todavía mejor lo que están describiendo los demás participantes.

Todos construyen, todos comparten. Durante la conversación posterior a compartir los modelos personales, los participantes pueden hacer preguntas sobre los modelos e historias de los demás.

Pida a todos que no expresen sus opiniones ni interpreten los modelos o historias de los demás. Debe asegurarse de que el foco esté en los modelos y las historias, no en la persona que lo creó.

LEGO® Serious Play® – Niveles de Construcción

Hay tres niveles de construcción en LEGO® Serious Play®

Nivel 1: Los modelos individuales son los cimientos del método. Los modelos compartidos y sistémicos se construyen a partir de estos.

Este libro se centra principalmente en la facilitación del nivel uno.

LEGO® Serious Play® - Niveles de construcción

NIVEL 3
Modelos sistémicos
Construcción de modelos sistémicos para comprender las fuerzas, las dinámicas y los efectos en los sistemas

NIVEL 2
Modelos compartidos
Construcción de modelos compartidos para generar un entendimiento común sobre temas de interés compartido

NIVEL 1
Modelos individuales
Construcciones individuales, expresiones tridimensionales de los propios pensamientos, para que otros puedan verlos, comprenderlos y cuestionarlos, y así ayudar a crear un significado común

N3: Interactúe con sistemas dinámicos. Comprenda cómo los factores se influyen entre sí. Explore los riesgos, las oportunidades y las consecuencias involuntarias de diferentes situaciones y estrategias en visiones compartidas.

N2: explore cómo otras personas ven las mismas ideas de manera diferente. Luego, creen una comprensión compartida y un significado común.

N1: Aprenda una mejor manera de comunicarse. Use los modos auditivo, visual y kinestésico para expresar sus pensamientos y sentimientos, y comprender las ideas, los pensamientos y los sentimientos de los demás.

El nivel de construcción 3 no es "mejor" que el nivel 1. El nivel 1 es el nivel fundacional y tiene un gran poder por sí solo y en combinación con los niveles de construcción 2 y 3.

LEGO® Serious Play® - Aplicaciones típicas y niveles

Podrá descargar este póster A3 en www.serious.global/downloads.

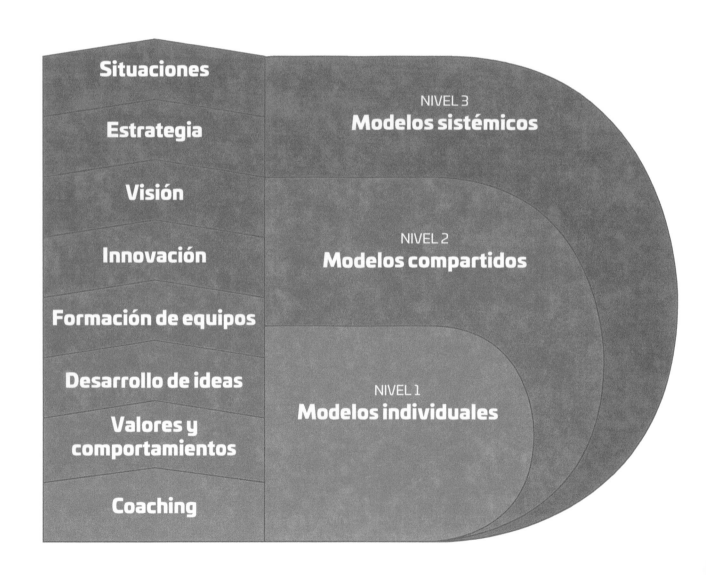

Aplicaciones

Básicamente, LEGO® Serious Play® es una herramienta para usar en talleres y reuniones como lo son un rotafolio y un rotulador. Sin embargo, la diferencia es que las posibilidades son mucho mayores (¡más variadas en realidad!) que los humildes lápiz y papel.

En el contexto organizativo y empresarial, hay una gran variedad de posibles aplicaciones. Presentamos algunas de ellas en este libro.

Recomendamos usar el Nivel 1 de LEGO® Serious Play® en sus reuniones si desea comentarios complejos de cada participante y valora el hecho de que todos han reflexionado antes de hablar.

La "Etapa de construcción 1: Modelos individuales" es el nivel de construcción fundacional. Incluso los modelos de sistemas complejos como el que se muestra aquí, comienzan con él.

Un equipo usando LEGO® Serious Play® para explorar situaciones en el Nivel 3 - Modelos sistémicos

Las piezas

Información sobre qué tipo de piezas son las mejores, dónde obtenerlas y cómo guardarlas

La tienda LEGO®: http://shop.lego.com

LEGO® vende cuatro kits de LEGO® Serious Play® en su tienda online. Son colecciones especiales cuidadosamente diseñadas y pensadas para ayudar a los participantes a usar metáforas y construir modelos simples que puedan expresar ideas complejas.

Las selecciones de piezas en estos kits son excelentes. Los kits contienen piezas que no se suelen encontrar comúnmente en las cajas LEGO® para niños.

Por ejemplo: dinero, escaleras, meteoritos, Minifiguras®, motores a reacción, flores, pilares, plantas, rotores y cuerdas. Aunque no son piezas raras, se pueden aplicar a una amplia gama de usos en LEGO® Serious Play®.

Las cajas LEGO® de sus hijos también pueden ser un tesoro, pero tenga cuidado de no seleccionar piezas que tengan un significado predefinido. Minifiguras® como Batman, Bart Simpson, una animadora o un ladrón no son aptas para un taller de LEGO® Serious Play® por tener un significado tan específico.

Países a los que se sirven kits LEGO® Serious Play® desde LEGO® shop.lego.com

Australia	Francia	Noruega
Austria	Alemania	Nueva Zelanda
Bélgica	Hungría	Polonia
Canadá	Irlanda	Portugal
Dinamarca	Italia	Reino Unido
España	Corea del Sur	Rep Checa
Estados Unidos	Luxemburgo	Suecia
Finlandia	Holanda	Suiza

Otras opciones si LEGO® no envía a su país:

Bricklink

Bricklink es el mercado online más grande del mundo para comprar y vender piezas, Minifiguras® y kits de LEGO®, tanto nuevos como usados.

Los kits de LEGO® Serious Play® también están disponibles en www.bricklink.com

Arme sus propios kits

Si bien los kits estándar de LEGO® Serious Play® son buenos, no son la única fuente de piezas. Si no los puede obtener en su país, le sugerimos que los cree. Puede armar sus propios kits combinando diferentes cajas de LEGO® Classic®, City®, Friends® y LEGO® DUPLO®, disponibles en cualquier juguetería LEGO®.

El artículo de Marko en seriousplaypro.com/bricks/diy/ sobre cómo crear uno mismo los kits LEGO® Serious Play® puede serle útil.

Si bien las Minifiguras® se pueden considerar de género neutro, hemos agregado una gama de personajes de LEGO® Friends® a nuestros kits para lograr un mejor equilibrio de género y diversidad.

Las cajas de LEGO® Friends® también contienen animales, flores y plantas que complementan los kits LEGO® Serious Play® estándar.

eBay

Otra opción es comprar las piezas en eBay. Es menos costoso que comprarlas nuevas. Pruebe el término de búsqueda "Bulk LEGO Bricks" en inglés. Por lo general, 1 kg de piezas cuesta unos 20 €.

Hemos comprado placas base adicionales y Minifiguras® en eBay para complementar los kits Identidad y paisajes, y han funcionado bien.

Una última recomendación, no compre cajas temáticas de segunda mano, a menos que desee que un Papá Noel, un Wookie o un R2D2 se conviertan en una parte de las historias que comparten los participantes del taller y los distraiga de la narrativa central del modelo.

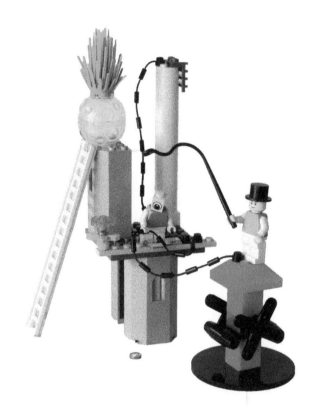

¿Qué historia le transmite este modelo que utiliza piezas del kit de introducción LEGO® Serious Play®?

Breve descripción de 4 kits

Bolsa Windows Exploration - Referencia: 2000409

Fotografía© LEGO Group

Contiene: 48 piezas

Vea el contenido en:

seriousplaypro.com/bricks/web

Adecuado para: adquisición de habilidades, coaching y talleres cortos de hasta medio día.

Incluye: Una pequeña selección de piezas estándar de múltiples colores y formas. Pequeña selección de elementos especiales y una Minifigura®.

Kit de introducción - Referencia: 2000414

Foto © LEGO Group

Contiene: 219 piezas

Vea el contenido en:

seriousplaypro.com/bricks/starter-kit

Adecuado para: primeros talleres, coaching, construcción de modelos compartidos, y uso general.

Incluye: Selección de piezas de LEGO® estándar combinadas con piezas de LEGO® DUPLO® y elementos especiales como ruedas, neumáticos, ventanas, árboles, dos Minifiguras®, tubos, globos terráqueos y placas base pequeñas.

Folleto "imaginopedia" con instrucciones para construcciones simples para la fase de adquisición de habilidades. Los siguientes dos kits son para los niveles 2 y 3, y se utilizan en aplicaciones que van más allá del alcance de este libro. Sugerimos que no compre estos kits sin formación previa.

Identidad y paisajes – Referencia: 2000430

Contiene: 2631 piezas

Vea el contenido en:

seriousplaypro.com/bricks/identity-kit

Adecuado para: Talleres de Nivel 2 y 3

Incluye: Gran combinación especial de piezas de LEGO® combinadas con piezas de LEGO® DUPLO® con animales.

Amplia selección de elementos especiales como ruedas, neumáticos, ventanas, árboles, 90 Minifiguras®, palos, globos, tubos en espiral, escaleras y cercas.

Gran selección de placas base y tres bandejas de clasificación de plástico.

Kit de conexiones – Referencia: 2000431

Contiene: 2455 piezas

Vea el contenido en:

seriousplaypro.com/bricks/connections-kit

Adecuado para: Modelos sistémicos de Nivel 3

Incluye: Una amplia selección de conectores como tubos en espiral, escaleras, cercas, puentes y cuerdas que permiten construir un gran modelo LEGO® interconectado.

Diez bolsas idénticas de piezas especialmente elegidas para realizar ejercicios especiales como "estuche de lápices" o "letras".

Piezas para empezar

Como primer paso, sugerimos comprar un kit de introducción para probar algunos de los ejercicios.

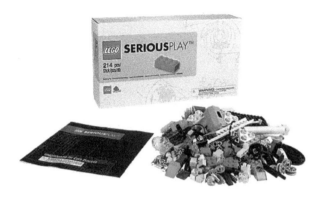

Foto © LEGO Group

Para su primer taller puede hacer mucho con un kit de introducción por participante, que para 6 u 8 personas no es una gran inversión.

O puede comprar dos kits de introducción y agregar una caja de kits Classic LEGO® (que tienen una buena relación calidad-precio: LEGO® Creative Building Set Item: 10702), agregar piezas de segunda mano a granel de eBay o incluso "saquear" el LEGO® de cualquier niño de su familia, ¡asegúrese de quitar las piezas temáticas primero!.

Si compra en línea, cree primero una cuenta LEGO® VIP Club para acumular puntos o dinero de LEGO®. Ahora que hemos preparado el inicio y hemos expuesto las ideas básicas, le diremos cómo facilitar la construcción de habilidades de LEGO® Serious Play® en la parte 4.

¡Ponga sus piezas a trabajar!

Si tienes piezas (o cuando tengas algunas), intenta lo siguiente:

Con una bolsa Window Exploration, un kit de introducción o cualquier montón de piezas que tenga a mano, tómese unos minutos y diviértase.

Su pregunta-reto podría ser: "¿Qué cualidades de liderazgo considera importantes?".

Construya un modelo para mostrar el tipo de líder con el que le gusta trabajar. Una persona que saca lo mejor de usted.

Interprete este modelo. Narre su historia.

Ese líder ideal puede ser usted mismo. Ese líder puede ser otra persona que conoce bien, pero también podría ser una persona hipotética que no existe.

Tras haber construido su modelo, resuma su significado con un par de palabras clave.

Hagas una foto de u modelo y las palabras clave, y compártalo con nosotros.

Envíe su foto a nuestra cuenta de Twitter @SeriousWrk.
Estaremos encantados de aprender de usted.

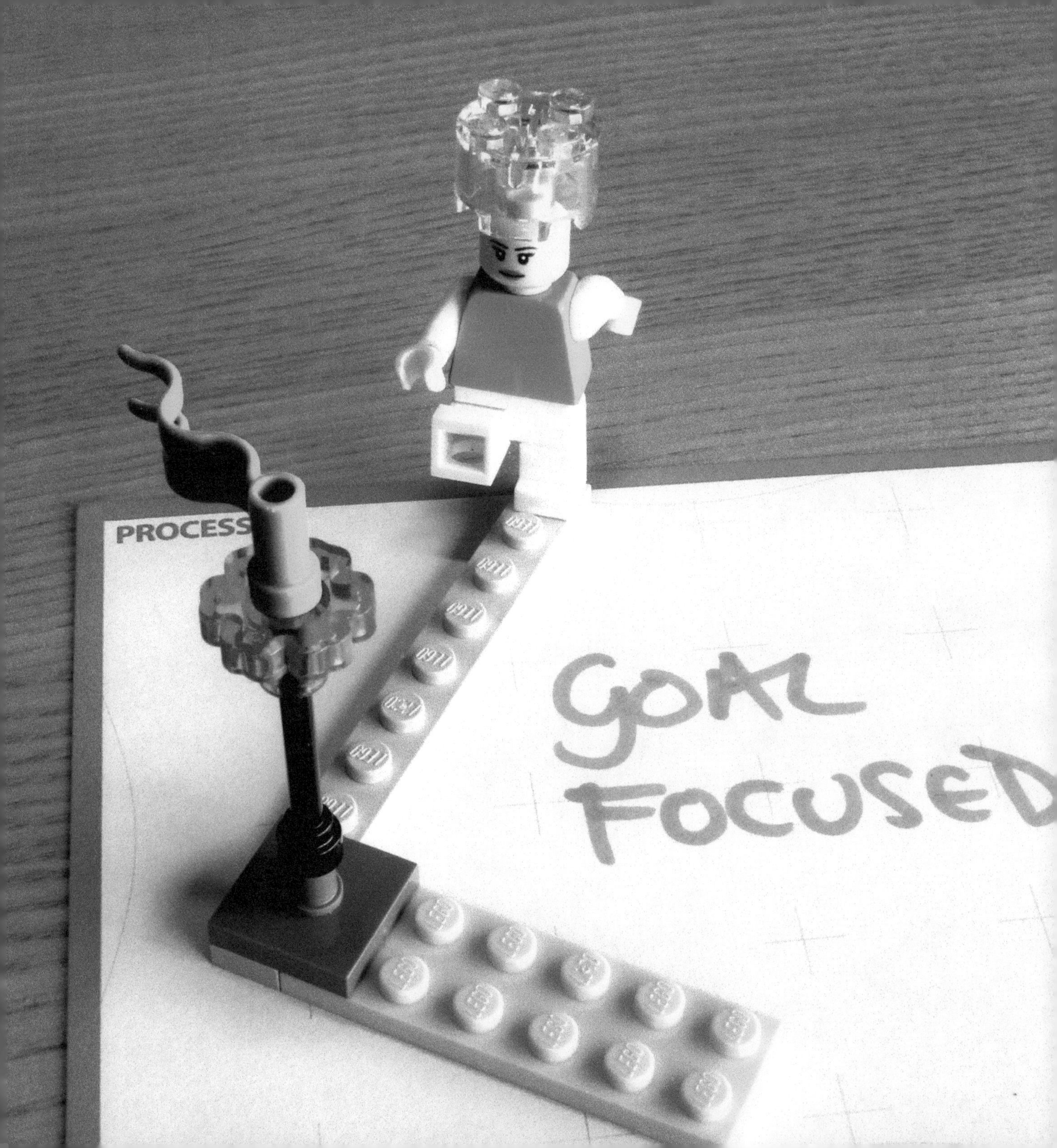

PROCESS
GOAL
FOCUSED

Parte 4

Construcción de habilidades - LEGO® Serious Play®...

...y cuatro principios

Lo absolutamente fundamental que todo facilitador de
LEGO® Serious Play® debe hacer.

Construcción de habilidades de LEGO® Serious Play®

Los objetivos de este capítulo son:

Capacitarle para facilitar una sesión de adquisición de habilidades con LEGO® Serious Play®

Instruirle en cómo los Principios de la facilitación con LEGO® Serious Play® logran una mejor comunicación

¿Por qué la fase de adquisición de habilidades?

La fase de adquisición de habilidades, denominada Construcción de habilidades en adelante, es un paso fundamental del método LEGO® Serious Play®. Nunca valore la posibilidad de saltárselo. Jamás.

Esta fase familiariza a los participantes con las habilidades técnicas, metafóricas y narrativas básicas del método. Al mismo tiempo, ilustra cómo difiere LEGO® Serious Play® del juego infantil.

La fase de Construcción de habilidades también les da a los participantes el tiempo para acostumbrarse a un mejor tipo de comunicación, posible gracias al método LEGO® Serious Play®.

Algunas personas acuden a un taller de LEGO® Serious Play® con reservas al enfrentarse a lo que parece ser un juego infantil (personas recostadas en sus sillas, con los brazos cruzados y miradas perplejas).

Sin embargo, si la fase de Construcción de habilidades se realiza correctamente, ayudará, incluso a los más escépticos, a experimentar el poder del método y a evaporar esas reticencias visibles.

Aprendiendo de la experiencia de Sean

"Al comienzo de un taller de generación de estrategias de participación juvenil para una organización benéfica del Reino Unido, vi brazos cruzados y una o dos personas que parecían incómodas.

Después de completar la fase de Construcción de habilidades le pregunté al grupo sobre sus impresiones y experiencias. Una participante, que inicialmente parecía incómoda, se levantó y con una sonrisa y un guiño dijo: "¿Sabe qué? No me ha parecido tan estúpido, malo o desagradable como esperaba".

Me encantó que lo dijera y se lo agradecí ya que seguro que verbalizó lo que otros participantes también habían pensado. El hecho de permitirle contribuir en esta fase de Construcción de habilidades legitimó el proceso en su mente y, a partir de ahí, se mostró totalmente involucrada".

Construcción de habilidades 1: La torre

Dos componentes

La adquisición de habilidades tiene dos componentes.

1. Proporcionar a los participantes habilidades técnicas, metafóricas y narrativas.

2. Normalizar esa vía de comunicación mejorada que hace posible LEGO® Serious Play®.

En este capítulo, le proporcionaremos un guion de facilitación de Construcción de habilidades que puede descargar y adaptar para su propio taller.

¿Cuánto dura la fase de Construcción de habilidades?

Para grupos pequeños de unos 8 participantes, planifique 40-60 minutos para esta fase.

Algunos facilitadores recomiendan hasta 90 minutos para desarrollar las habilidades básicas, pero para los talleres cortos que duran tres o cuatro horas es difícil dedicar la mitad del tiempo del taller a la adquisición de habilidades cuando los participantes están lógicamente interesados en explorar sus problemas. Si se hace bien, esta fase de LEGO® Serious Play® se puede lograr con éxito, incluso para grupos grandes, en 30 o 40 minutos.

En la Parte 3, **Iniciarse en LEGO® Serious Play®**, describimos los pasos del proceso LEGO® Serious Play® (página 67) que incluyen una etapa de "compartir las historias". En esta etapa, los participantes cuentan las historias de sus modelos. Obviamente, a un grupo de 10 personas le llevará el doble de tiempo que a uno de 5 hacerlo.

La fase de Construcción de habilidades consiste normalmente en tres ejercicios, por lo que la mayoría del tiempo se invierte en contar las historias de los modelos. Lo que les pida a los participantes que construyan y qué tan estricto controle el "tiempo de compartir historias" determinará gran parte de la duración total.

Tamaño del grupo

En sus inicios como facilitador de LEGO® Serious Play®, escoja un tamaño de grupo más pequeño. La regla general es un facilitador para un grupo de máximo 12 participantes.

Existen técnicas avanzadas para facilitar grupos grandes, pero empiece por aprender a facilitar grupos pequeños de unas seis personas.

¿Qué piezas debería usar?

El kit ideal de piezas para esta primera fase son las bolsas Windows Exploration (art. 2000409).

Estas bolsas no son demasiado caras individualmente y contienen una súpermezcla de 48 piezas. El único inconveniente es que tiene que comprarlas de 100 en 100.

Una bolsa Windows Exploration

Perfecta para la adquisición de habilidades, si no le importa comprar una caja con 100 piezas.

Una ventaja en el uso de estos kits es que todos tienen las mismas piezas. Y, con cuidado, es fácil pedirles a los participantes que vuelvan a colocar las piezas en bolsas con cierre hermético para volver a utilizarlas en el futuro. Si no quiere comprar una caja de 100 piezas, tiene dos opciones:

Opción 1. Deé una selección aleatoria bien mezclada de piezas pequeñas y medianas, pese alrededor de 80-100 g y haga bolsas individuales. O

Opción 2. Coloque una pila de piezas pequeñas o medianas en el centro de la mesa al alcance de todos. Como guía aproximada, piense en dar 100 g de piezas LEGO® por persona.

Reto Construcción de habilidades 1: Técnica: Construya una torre

La primera construcción pretende darles a los participantes las habilidades técnicas para conectar piezas. Preste especial atención a las habilidades técnicas de construcción con grupos de gente mayor; pueden tener dificultades en encontrar y manipular las piezas más pequeñas de LEGO®.

Un primer reto perfecto para Construcción de habilidades es pedir a los participantes que construyan un modelo de torre. Todos tenemos un modelo mental de qué aspecto tiene una torre, y cómo la gente interprete esa construcción nos ayudará a aprender algo sobre cómo piensan y perciben la realidad.

Reto Construcción de habilidades 2: Metáfora: ¡Explique esto!

Aprender a usar piezas como metáforas empodera a las personas a expresar ideas complejas a partir de modelos simples.

Los niños usan piezas de LEGO® para construir cosas que se ajusten a la imaginación en sus cabezas. El ejemplo del oso polar en la página opuesta ilustra esta cuestión.

A menudo usamos un ejercicio sencillo y entretenido llamado "¡Explique esto!". El ejercicio obliga a los participantes a dar un significado a sus piezas y ayuda rápidamente a liberarlos de la limitación de usar las piezas de forma literal (¡aunque el significado literal también es útil!).

LEGO® Serious Play® va más allá del uso de piezas de LEGO® para construir modelos que representan objetos materiales del mundo real. LEGO® Serious Play® crea "modelos de pensamiento" tridimensionales que utilizan metáforas para interpretarlos y explicarlos.

Por ejemplo, el oso polar de la página siguiente podría simbolizar algo "fuerte, enérgico, nórdico".

Es tarea del facilitador ayudar a los participantes a encontrar el significado de las piezas que han utilizado y convertirlo en una metáfora apropiada.

Usar piezas como metáforas

Ayudamos a los participantes a contar historias vibrantes con modelos sencillos

Así es cómo el artista Sean Kenney representó osos polares utilizando piezas de LEGO® (¡increíble habilidad con LEGO®!).

©Sean Kenny 2016

Así es cómo un niño podría representar un oso polar con LEGO®

Así es cómo un oso polar se podría visualizar o representarse en un taller LEGO® Serious Play®

"¡Explique esto!"
- Ejercicios temáticos de Marko

"Hay varias formas de hacer ¡Explique esto! El guion de facilitación de la página 106 invita a los participantes a construir modelos aleatorios y explicar que estos significan 'matrimonio, clima, ingeniería genética, entre otras cosas'".

También uso "¡Explique esto!" de forma temática para ayudar a las personas a pensar en el concepto en el que trabajarán en breve, por ejemplo:

– para un taller de formación de equipos les pido que utilicen sus modelos para explicar: "equipo, colega o amistad"

– para un taller de estrategia: "futuro, meta, logro"

– para un taller de identidad: "mi alter ego", "mi ser más profundo" o "cuando era un niño..."

– para un taller de desarrollo de productos: "deseo del cliente" o "un nuevo producto genial"

– para un taller de innovación: "un avance tecnológico"

Es divertido y efectivo. Los participantes comprenden rápidamente cómo su construcción aleatoria describe algo que saben. Al mismo tiempo, la cercanía temática prepara el terreno para la siguiente exploración de conceptos con la siguiente construcción de modelos".

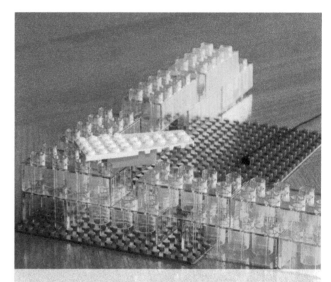

Piezas de LEGO® como metáforas:
1. Aumento del nivel del mar

Piezas de LEGO® como metáforas:
3. Gripe aviar

Piezas de LEGO® como metáforas:
2. Cambio climático

Piezas de LEGO® como metáforas:
4. Mayor diversidad

Los ejemplos de estas páginas provienen de un taller con participantes comprometidos ecológica y socialmente. Se les había retado a crear "agentes" (factores que impactarían o serían impactados por su visión) en un modelo sistémico de nivel 3.

Las fotos muestran varios niveles de metáfora. En la 1, las piezas LEGO® DUPLO® simbolizaban el aumento del nivel del mar. La 2 parece una palmera, pero en esta versión significaba el cambio climático. La 3 es más literal: la gripe aviar. La foto 4 simboliza el aumento de la diversidad en la sociedad.

Reto Construcción de habilidades 3: Narrativa

Compartir las historias produce recuerdos duraderos. A menudo, los participantes pueden recordar lo que dijeron meses y años después. Contar historias usando los modelos es el núcleo de la "comunicación mejorada" que promueve LEGO® Serious Play®. Esta habilidad requiere que el constructor use el modelo para narrar su historia y que los oyentes escuchen con ojos y oídos.

Como facilitador, hay cuatro fundamentos que debe dominar para hacerlo posible.

Los cuatro principios de la facilitación

Nuestra experiencia ha demostrado que los cuatro fundamentos de facilitación que explicamos a continuación son condiciones de vital importancia que usted, como facilitador, debe ayudar a crear. Estos son exclusivos de LEGO® Serious Play®.

Principio 1: Posibilitar tres modos de comunicación mejorada

Los participantes observan que la comunicación es más efectiva con LEGO® Serious Play® porque facilita la interacción auditiva, visual y kinestésica.

El método permite que un hablante se comunique más plenamente 1) explicando una idea con palabras, 2) señalando qué significa cada pieza en el modelo y 3) moviendo y articulando el modelo, decribiéndolo desde diferentes perspectivas.

En los talleres de LEGO® Serious Play®, la comunicación visual y kinestésica se pierde en el momento cuando un participante no cuenta la historia desde su modelo, sino desde su mente. Entonces es cuando los demás participantes empiezan a dejar de prestar atención.

Su trabajo como facilitador de LEGO® Serious Play® es enseñar rápidamente a los participantes a usar las piezas como una forma mejorada de comunicación y ayudarlos a centrar constantemente su atención en las piezas.

Principio 2: Ayudar a los participantes a contar la historia del modelo

El error más común en un taller LEGO® Serious Play®: cuando los participantes no cuentan la historia del modelo.

La adquisición de habilidades es una etapa vital para ayudar a los participantes a comprender la importancia de contar la historia del modelo y activar los tres modos de comunicación.

Desde la primera ronda, y durante cada fase de compartir historias, dirija la atención de los asistentes a las ideas centrales.

"¿Qué historia cuenta su modelo?", "¡Toque su modelo, muéstrenoslo!", "¡Escuche con sus ojos!", "¡Pregunte el significado de los otros modelos!".

Elogie y anime a quienes lo hacen bien. Preste atención a aquellos que construyen un modelo pero no lo comparten, y ayúdelos a centrarse.

Sea cortés, pero firme con esta práctica en esta fase. Le reportará muchos beneficios más tarde.

Principio 3: Dejar claro que escuchar con los ojos es la norma

Escuchar es difícil. En la mayoría de las reuniones, las personas no escuchan bien. LEGO® Serious Play® puede ser de gran ayuda para superar este problema común.

En un taller con LEGO® Serious Play®, la escucha y la comprensión son más efectivos que la comunicación tradicional de "solo hablar", ya que el oyente puede utilizar sus ojos y oídos para ver y escuchar lo que significa el modelo.

Pídales a los participantes que centren su atención en el modelo que se está explicando, centrándose en los detalles y sin establecer contacto visual con los demás.

Como facilitador, cuando observe a todo un grupo escuchando con los ojos, alabe y refuerce este comportamiento positivo. Pregúntele al narrador qué le pareció ser escuchado por todos.

Principio 4: Despertar la curiosidad de querer saber más sobre los modelos

Cuando el narrador cuenta la historia del modelo y los demás participantes escuchan con los ojos, despertará la curiosidad de todos sobre su significado.

Como regla general, los modelos permiten a los oyentes cuestionar niveles más profundos de significado. Recuerde las normas de conducta de LEGO® Serious Play® y anime a los participantes a tener curiosidad sobre los modelos.

Se pueden descubrir niveles más profundos de significado haciendo preguntas como: "¿La pieza azul en la parte superior significa algo?". "¿Qué significa la flor en la parte superior de la bandera?".

Asegúrese de que no haya significado para estas partes si no lo hay, pero anime a los narradores a expresar otros significados que puedan tener sus modelos. ¡No permita que otros den significados nuevos y diferentes a los modelos de los demás!

Como facilitador, su trabajo es ayudar al grupo a tener un diálogo fructífero. Sea curioso y estimule la curiosidad.

La adquisición de habilidades, o Construcción de habilidades, es el momento y el lugar de integrar las prácticas que exigen estos fundamentos de la facilitación.

Principios de facilitación de LEGO® Serious Play® - Resumen

Posibilitar tres modos de comunicación mejorada

Ayudar a los participantes a contar la historia del modelo

Dejar claro que escuchar con los ojos es la norma

Despertar la curiosidad de querer saber más sobre los modelos

Comunicación mejorada:
El modelo, foco principal de atención

Imagine que está presentando su modelo en un escenario...

Ponga su modelo en el centro de atención

Podrá descargar este póster A3 en www.serious.global/downloads

Conviértase en director, narrador o marionetista y coloque el modelo en el centro para centrar la atención plena de todos.

No mire a los participantes ni haga contacto visual con ellos (ya que ello desvía la atención del modelo y la pondrán en usted, un director que debe permanecer invisible).

Centre su mirada totalmente en el modelo.

Cuente la historia del modelo: Comunicación auditiva, visual y kinestésica.

... como un marionetista, **hable**, **muestre**, **active** su modelo. Dele vida.

... si lo hace bien, los participantes no tendrán otra opción que la de **escuchar con sus ojos** y sentir **curiosidad sobre su modelo**.

Práctica

Le recomendamos que practique estas habilidades dos o tres veces en un entorno seguro y de bajo riesgo antes de intentar facilitar una reunión o taller importante. Descargue el guion de facilitación y adáptelo a sus necesidades.

Antes del taller, es una buena práctica hacer las construcciones que le pedirá a los participantes. Esto le permitirá ganar experiencia y hacer ajustes de tiempo si es necesario.

La práctica hace al maestro

Se requiere mucha sutileza para facilitar de manera controlada, pero que no sea controladora. Si desea dominar esta habilidad, debe completar una capacitación práctica que enfatice el aprendizaje entre iguales. Consulte la parte 7 de este libro para evaluar qué tipo de capacitación le brindará las habilidades que necesita.

Guiones de facilitación

Las guías de facilitación y las explicaciones en las páginas opuestas describen una sesión típica de Construcción de habilidades de LEGO® Serious Play®. El marco temporal se basa en un grupo de 6 participantes y está diseñado para una duración de una hora. Para obtener más ejemplos, consulte los casos en el capítulo 5.

Nota: La única situación en la que Construcción de habilidades se puede omitir se da cuando TODOS ya tienen habilidades de LEGO® Serious Play®.

Aprendiendo de la experiencia de Sean:

"Trabajé con los ejecutivos de una organización para ayudarles a mejorar su cultura de liderazgo. Empezamos con un taller de LEGO® Serious Play® para desarrollar una visión compartida. Al igual que todos los talleres, comenzó con una fase de desarrollo de habilidades.

Unos meses después, revisaron su plan de negocios y me volvieron a invitar. En la portada del borrador del plan estaban escritos los valores corporativos pero ¡no coincidían con los que había observado en la práctica! Se habían desviado de sus valores acordados. Cuando les hice esa observación, los ejecutivos admitieron que no estaban en lo cierto.

Tenía algunos kits de LEGO®, así que como ya habían adquirido las habilidades básicas, sugerí una construcción individual de 2 minutos del valor que consideraban necesario para hacer realidad el plan de negocios.

Después de construir y compartir las historias de sus modelos, les di tres piezas a cada uno para que votaran los valores que consideraban más potentes. Toda la intervención requirió menos de 10 minutos, y determinaron un grupo de valores acordados por todos".

Objetivo Proporcionar habilidades básicas de LEGO® Serious Play® - 60 minutos			
Tiempo	**Sesión**	**Objetivo**	**Proceso/Notas**
30 minutos Tiempos calculados para grupo de 6 personas	Montaje	Tener la sala preparada para hacer el taller	Material: • Notas de facilitación • Piezas de LEGO® - fácilmente accesibles, en bolsas, amontonados, en herradura o círculo • Temporizador o reloj (aplicación del móvil) • Tarjetas "Explique esto" (www.serious.global/downloads) • Póster explicativo A3 (www.serious.global/downloads) • Opcional, música
1 min.	Bienvenida	Hacer sentir cómodos a los participantes y esclarecer escepticismos	Una bienvenida "acogedora" que sea apropiada para la cultura del grupo A veces es útil comunicar explícitamente a los participantes que no pasa nada por sentirse inseguros o mostrarse escépticos acerca de la metodología de LEGO® Pídales que confíen en el proceso y tengan una mentalidad abierta acerca de LEGO® Serious Play® durante la próxima hora
2 Min.	Objetivos	Aclarar los objetivos del taller	Empiece por establecer los objetivos del taller, y el plan del taller u hoja de ruta

Notas de facilitación *narrativa*

Conjunto "estándar" de notas de facilitación de la Construcción de habilidades para un grupo de hasta seis personas.

Monte la sala con tiempo. Asegúrese de que las mesas estén despejadas de todo menos de piezas. Eso ayuda a las personas a ver los modelos pequeños.

Música. Valore la posibilidad de crear una lista de reproducción con temas de 2 a 3 minutos para algunas de las tareas de construcción. En esta ocasión usamos un altavoz Bluetooth con un iPad.

La música ayuda a los participantes a concentrarse en la construcción y como cuenta atrás. ("Tienen hasta que Elvis termine de cantar para completar el modelo").

En casi todos los casos, la Construcción de habilidades es la primera parte de un taller para explorar un tema en particular. Una buena práctica es asegurarse de que las personas lleguen sabiendo que LEGO® Serious Play® será utilizado como una herramienta de proceso.

Para esta Construcción de habilidades se usó una mezcla de kits Windows y kits de introducción de LEGO® Serious Play®, extendidos en herradura, al alcance de cada uno de los 12 participantes.

Descargue este plan de taller y plantilla en:
www.serious.global/downloads.

	Objetivo Proporcionar habilidades básicas de LEGO® Serious Play® - 60 minutos		
Tiempo	Sesión	Objetivo	Proceso/Notas
aprox. 12 minutos (1 minuto, instruc. 2 minutos, constr. + 2 minutos, póster + 1 minuto cada uno para compartir)	Habilidad 1: Técnica Construcción de una torre Compartir la torre Reflexionar sobre la torre	Dar a los participantes habilidades técnicas y confianza para usar las piezas	**1. Retar: Definir la tarea.** La primera tarea es sencilla, acostumbrarse a conectar las piezas. RETO: "Tienen 2 minutos para construir una torre". **Ponga el temporizador o la música** Música: Elvis v JXL, A Little Less Conversation **2. Construir:** Pasado 1 minuto, diga a los participantes "quedan 60 segundos". Pasados 2 minutos, pregunte si alguien necesita más tiempo y pídales a los participantes que dejen de construir. **3. Compartir: Diga:** "Es difícil escuchar lo que demás dicen si todavía están construyendo, ¿están listos para escuchar las historias de los demás?". > Instrucciones para el facilitador: 1. Anime a la gente a contar la historia del modelo, levántela, señale y toque cada parte 2. Anime a todos a escuchar con los ojos y oídos. **4. Reflexionar:** "¿Cómo se ha sentido con este reto y qué ha observado?". Puede ofrecer estas reflexiones adicionales: construcción simple, cada modelo es diferente, no hay respuestas incorrectas.

Notas de facilitación *narrativa*

El primer reto - Desarrollar habilidades y técnicas de construcción

La primera tarea está destinada a que los participantes se sientan cómodos conectando los bloques, siguiendo la metodología y aprendiendo a usar los modelos en modo "comunicación mejorada". Generalmente, algunos participantes están familiarizados con LEGO® mientras otros no han usado LEGO® en un tiempo, o nunca.

Elvis es totalmente opcional.

Comience Compartir mostrando los pósters A3 "Proceso del participante" y "Formalidades". Ayudará a los participantes a comprender los cuatro pasos del proceso principal, a localizar la tarea actual dentro del proceso y a entender el modo formal de comportarse.

Comience a integrar los "fundamentos de facilitación" y anime a los participantes a utilizar las técnicas de comunicación mejoradas. Reconozca y aliente a quienes cuentan la historia del modelo. A los que no usan sus modelos, pregúnteles qué significan algunas piezas específicas.

Si usa las bolsas "Windows Exploration" (parte 3), pídales que solo usen la placa base negra y las piezas verdes y naranjas (foto pág. 85). La opción de limitar las piezas ayuda a mostrar que las mismas piezas producen resultados muy diferentes.

Objetivo			
Proporcionar habilidades básicas de LEGO® Serious Play® - 60 minutos			
Tiempo	Sesión	Objetivo	Proceso/Notas
aprox. 10 minutos (1 minuto, definir la tarea 1 minuto, constr. + 2 minutos, explicar + 30 segundos, compartir)	Habilidad 2: Metáfora ¡Explique esto!	Capacitar a los participantes para que utilicen las piezas como metáforas	**1. Retar: Definir la tarea.** La segunda habilidad nos ayuda a aprender a usar las piezas como metáforas. Pueden considerarlo como un ejercicio llamado ¡Explique esto! "Para empezar, les planteo un reto". **2. Construir: RETO:** "Tienen 30 segundos para conectar 5 piezas de una manera aleatoria y sin sentido. Cualquier pieza, cualquier conexión, solo necesito un modelo aleatorio de 5 piezas". Ponga el temporizador Cuando todos tengamos un modelo de 5 piezas, explican las piezas como metáforas. Presentar "¡Explique esto!" **3. Compartir:** Uno a uno, deles una tarjeta a los participantes invítelos a explicar su modelo > Facilitador: Validar las historias **4. Reflexionar:** "¿Cómo se ha sentido con este reto?". Ofrezca una reflexión adicional: ¡Una pieza puede significar cualquier cosa!

PROCESS

Please imagine the 5 brick model you have built is a representation of...

Space Travel

Explain this!

Notas de facilitación *narrativa*

El segundo reto - enseñar a usar las piezas como metáforas

Invite a las personas a reciclar sus torres antes de comenzar esta tarea.

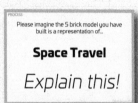

www.serious.global/downloads

Explica cómo los niños usan LEGO de forma diferente: intentan construir modelos que se parecen a las ideas en su mente. Encuentre una solapieza blanca 4x2 y explique que podría usar esta pieza para referirse a un oso polar. Véase la página 89.

No necesita construir un modelo del oso, porque puede usar una pieza blanca como metáfora de un oso. Igualmente, puede usar la misma pieza para representar "Buena salud", "Pastel"" o "Democracia". Esto es usar la pieza como metáfora.

Dé a los participantes una tarjeta. La tarjeta tiene una palabra o dos con un objeto, concepto o idea escrita en ella. Cada participante debe decir a los demás cuál es el concepto de su tarjeta y luego explicarlo usando el modelo que construyó. Dependiendo del aspecto del modelo y de cuán ágiles sean sus imaginaciones, a algunos participantes les parecerá que "¡Explique esto!" es más fácil o más difícil. No pasa nada.

Si alguien se queda totalmente atascado, puede preguntar si hay alguien en el grupo que esté dispuesto a intentar explicar el concepto con el modelo, ya sea que haya construido o usando el modelo de la persona que está atascada. O bien, puede intervenir y explicar el modelo.

Se vuelve más fácil a medida que la gente aprende se familiariza con el ejercicio. Además, felicite a los participantes con la reflexión que cualquiera puede hablar frente a un grupo sobre cualquier cosa sin ninguna preparación.

SERIOUS**WORK**

Objetivo			
Proporcionar habilidades básicas de LEGO® Serious Play® - 60 minutos			
Tiempo	Sesión	Objetivo	Proceso/Notas
aprox. 20 minutos (1 minuto, definir la tarea 3 minutos, constr. + 2 minutos, explicar + 1-2 minutos, compartir)	Habilidad 3: Narración- Contar una historia	Capacitar a los participantes para que usen modelos para contar historias e integrar las técnicas de comunicación mejoradas	1. Retar: Definir la tarea. El desarrollo de la última habilidad nos ayuda a aprender cómo usar nuestros modelos para contar historias 2. Construir. RETO: Tienen 3 minutos para construir un modelo y contar una historia sobre... Ponga el temporizador o la música Música: Pharrell Williams - Happy. Cuenta atrás... quedan 2 minutos ... queda 1 minuto... ¿alguien necesita más tiempo? 3. Compartir: Pídales que compartan sus modelos > Instrucciones para el facilitador: Anime a la gente a expresar curiosidad sobre los modelos de los demás. 4. Reflexionar: "¿Cómo se ha sentido con este reto?". Confíe y piense con sus manos, cuente la historia del modelo. Interésese en los modelos de los demás
5 minutos	Reflexiones	Reflexionar sobre el desarrollo de habilidades o Construcción de habilidades	Después de la última habilidad de Construcción de habilidades, pregunte a los participantes qué piensan sobre LEGO® Serious Play® ahora y qué les fue bien o qué les pareció más complejo.

Notas de facilitación *narrativa*

El último reto: enseñar a usar los modelos para contar historias e integrar los cuatro principios fundamentales de la facilitación.

Establezca una tarea de integración que prepare al grupo para los próximos retos.

Diseño de preguntas-retos. Opciones: cree un modelo para contar una historia sobre unas vacaciones de ensueño, un jefe horrible, una habilidad oculta que tengo, lo que más me enorgullece de haber logrado personal o profesionalmente, etc.

Quizás es mejor no proponer el reto del jefe horrible" si en la sala hay jefes, pero si desea que el grupo trabaje con una visión crítica, podría, por ejemplo, pedirles que construyan un modelo de un "vecino horrible". Si lo último que desea es dar rienda suelta a las quejas en un grupo, podría centrarse en cosas positivas como los miembros de un equipo de ensueño, lo que estoy orgulloso de haber logrado, etc.

Es otra oportunidad para tratar de integrar los fundamentos de la facilitación y las técnicas de comunicación mejoradas. En este punto, sabrá qué participantes muestran naturalmente los comportamientos acordes con las normas de etiqueta de LEGO® Serious Play®.

Valore la posibilidad de pedirle a alguien que tenga esta habilidad, que comience a contar la historia del modelo. Después, llame la atención del grupo sobre lo que sucedió y recuérdeles que así es cómo debe hacerse.

Si alguien cuenta una historia, pero NO la historia del modelo o no usa las técnicas presentadas, observará cómo el grupo deja de prestar atención. Sin hacer que la persona se sienta mal, señale lo que ha sucedido.

Sea curioso acerca de los modelos y anime a los demás a preguntar qué significan los diferentes bloques o relaciones entre piezas.

Parte 5

Aplicaciones prácticas y casos de estudio

Aplicaciones prácticas

El objetivo de este capítulo es instruirle para facilitar las cinco aplicaciones más comunes de talleres LEGO® Serious Play®

Nivel 1: Casos de construcción de modelos individuales

Los casos que presentamos a continuación se centran en el nivel 1, pero el caso de Visión compartida en la parte 5.4 le brinda una breve descripción general del nivel 2: Modelos compartidos.

Los ordenamos por complejidad, empezando por una aplicación sencilla y luego exponemos aplicaciones más complejas.

Estructura de los casos de estudio

Para cada caso, presentamos primero el contexto. Luego le ofrecemos las guías de facilitación de estos talleres con anotaciones para describir cómo preparar, ejecutar y dar seguimiento a estos talleres.

Le presentamos estos casos para que vea cómo se aplicó LEGO® Serious Play® en la práctica, y qué productos y resultados se crearon. Puede descargar estas notas de facilitación en serious.global/downloads y modificarlas y adaptarlas para su propio uso.

Adaptar las guías a sus necesidades

Queremos recalcar que no recomendamos que tome estos planes y realice estos talleres exactamente como los hicimos nosotros. Le ofrecemos estos recursos para ayudarle a prepararse y dirigir sus propios talleres.

Para lograr un taller exitoso, lo primero y más importante es que use nuestras ideas sobre la fase de preparación para establecer una lógica de objetivos a lograr y traducir sus objetivos en un plan de taller concreto.

La fase vital de preparación le ayuda a acordar con el cliente, y con las personas clave del taller, los objetivos, el proceso y los resultados deseados.

Una vez que se hayan establecido objetivos claros de la reunión o el taller, estará listo para el paso dos.

Prepare las notas de facilitación que usará durante el taller como cronología minuto a minuto.

Ahora veamos cómo se utilizó LEGO® Serious Play® en cinco tipos diferentes de talleres.

Los casos de estudio se centran en aplicaciones de Nivel 1

Situaciones

Estrategia

Innovación

Visión

Formación de equipos

Valores y Comportamientos

Desarrollo de ideas

Coaching

NIVEL 3
Modelos sistémicos
Construcción de modelos sistémicos para comprender las fuerzas, dinámicas e impactos en los sistemas

NIVEL 2
Modelos compartidos
Construcción de modelos compartidos para generar un entendimiento común sobre temas de interés compartido

NIVEL 1
Modelos individuales
Construcciones individuales, expresiones '3D' de los propios pensamientos, para que otros puedan verlos, comprenderlos y cuestionarlos y así ayudar a crear un significado común

Parte 5.1

Un taller de fijación de metas personales

Fijación de objetivos

1 persona, 1 hora

Contexto

En este caso práctico inicial, compartimos un taller de fijación de metas personales. Es ideal como ejercicio con un amigo o colega. Pídale a un amigo que sea su "cliente", reserve una hora y listo.

Su primera sesión de LEGO® Serious Play® requiere una contraparte de mente abierta y un entorno informal. Allí, ambos se sentirán relajados en un entorno de bajo riesgo.

En comparación con otros usos de LEGO® Serious Play®, las sesiones individuales requieren poco espacio. Puede realizarla en una oficina, en una cafetería o en el lobby de un hotel. Mientras se sientan cómodos, cualquier lugar servirá ya que solamente necesita una mesa pequeña en la que apilar algunas piezas.

Si el espacio lo permite, siéntense de lado o en ángulo para que ambos puedan interactuar con los modelos LEGO® que se construirán durante el taller.

Un kit de introducción de LEGO® Serious Play® resulta ideal para este taller. Tenga un cuaderno a mano para anotar ideas clave y escriba con claridad para que cuando vaya a terminar la sesión, pueda revisar las notas junto con el cliente.

Objetivo general Fijar los objetivos y el plan de acción			
Tiempo	Sesión	Objetivo	Proceso/Notas
5 minutos	Montaje antes de la llegada del cliente	Preparar la sala o el espacio para satisfacer mejor las necesidades de la sesión	Preparar: • Mesa, dos sillas de lado • Piezas LEGO® - preferiblemente un kit de introducción LEGO® Serious Play® • Portapapeles, papel y bolígrafo para tomar notas
5 minutos	Construcción de habilidades -1	Familiarizarse con el uso de las piezas	"Construya una torre" 
5 minutos	Construcción de habilidades -2	Introducir el cliente al método Prepararlo para dos habilidades: la metáfora y contar una historia	Explicar los principios de LEGO® Serious Play® y facilitar una adquisición sencilla de habilidades "Tome 3 o 4 piezas y construya lo primero que se le ocurra". "Ahora cuénteme una historia sobre lo que acaba de construir". Si el cliente no ha usado la metáfora como recurso antes, entonces tómese un tiempo para describir el modelo usando las tarjetas "¡Explique esto!" (página 107).
10 minutos	Definición de objetivos futuros	Identificar y explorar objetivos	Ahora pida: "Construya un modelo o varios modelos que muestren metas u objetivos personales (o profesionales) importantes" - 4 minutos Pida al cliente que le cuente la historia del modelo y hágale preguntas sobre él

Notas de facilitación
narrativa

Antes de emprender la sesión de fijación de metas, tenga una breve conversación con su cliente para establecer la naturaleza de la misma. Evalúe si busca el establecimiento de objetivos personales, profesionales o ambos.

El desarrollo de habilidades es así para grupos grandes (lea la parte 4), y puede ser útil tener los pósters A3 para explicar el proceso y las normas de etiqueta de LEGO® Serious Play®.

Las metáforas son una habilidad importante que desarrollar en los clientes. Los libera de sentir la necesidad de construir modelos técnicamente sofisticados y les permite comunicar ideas complejas de forma sencilla o con una sola pieza.

Por ejemplo, puede tomar una pieza blanca de 2x2 y sugerir que esta representa un oso polar (véase la página 89), la democracia (piezas de igual tamaño), buena salud o un pastel.

También puede jugar al juego "¡Explique esto!" que se expone en detalle en la página 107.

Objetivo general Fijar los objetivos y el plan de acción			
Tiempo	Sesión	Objetivo	Proceso/Notas
10 minutos	Realidad actual	Identificar la realidad actual del mundo del cliente	"Construya un modelo o modelos para mostrar su situación o realidad actual en relación con su objetivo". Una vez finalizada la construcción, invite a su cliente a reflexionar sobre la diferencia entre la realidad actual y la meta
5 minutos	Obstáculos	Identificar obstáculos al logro de los objetivos	Pídale al cliente que construya "obstáculos" "Construya un modelo para mostrar lo que podría impedirle alcanzar su objetivo". Reflexione sobre el modelo con el cliente.
5 minutos	Plan de acción	Planificar las acciones	Pídale al cliente que construya un plan de acción sencillo para superar los obstáculos "Ahora construya las acciones que le llevarán más allá de los obstáculos más difíciles"
5 minutos	Reflexión	Reflexionar sobre ideas o significados	Valore la posibilidad de mostrar sus notas al cliente.
10 minutos	Resumir y registrar	Comprender los comentarios del cliente sobre el resultado de la sesión	Pídale al cliente que reflexione sobre el valor de la sesión e invítelo a tomar fotos de los modelos construidos antes de desmontarlos.

Notas de facilitación *narrativa*

Puede colocar el modelo que representa el objetivo en un extremo de la mesa y pedirle al cliente que construya uno o varios modelos que cuenten una historia sobre su realidad actual. Luego, pídale que coloque los modelos de realidad actuales en relación con el modelo de objetivo. Este panorama puede revelar más datos.

Invite al cliente a construir un modelo o modelos de posibles obstáculos. Estos pueden ser factores externos, internos (actitudes, etc.) o ambos. Si es necesario, invítelo a ser totalmente sincero, los bloqueos reales pueden hacer que se sienta vulnerable.

Aquí es donde el cliente puede construir un plan de acción para superar los obstáculos y acercarse más al logro de sus objetivos.

Puede ser útil contar con algunas notas adhesivas, para que el cliente pueda identificar brevemente las ideas clave antes de fotografiar sus modelos.

Descargue este plan de taller y plantilla en:

www.serious.global/downloads

119

Parte 5.2

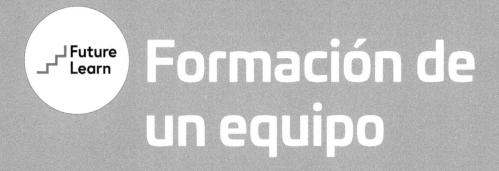

Formación de un equipo

Formación de equipos

12 personas, 4 horas

Agradecemos a Rita Fevereiro y al equipo de FutureLearn que nos permitieran compartir su caso.

Contexto

Una cosa difícil en los equipos es la comunicación; decir lo que piensa, compartir su realidad, la forma de ver el mundo y estar abierto a escuchar lo que otros ven, perciben o creen.

¿Qué distingue a un equipo efectivo?

Un equipo efectivo:

- Está unido por un propósito compartido y significativo

- Se centra en objetivos compartidos

- Opera con valores compartidos

- Se comunica con fluidez

- Confían el uno en el otro

- Aprende a mejorar constantemente (feedback)

La formación de equipos es un proceso continuo que ayuda a los grupos a evolucionar hacia una unidad cohesionada. Cuando los miembros del equipo comparten las expectativas de cumplir con las tareas del grupo, confían y se apoyan entre sí,

y respetan las diferencias individuales, prospera una cultura sana de equipo.

La formación de equipos con LEGO® Serious Play®:

- Desarrolla la confianza

- Mejora la apertura

- Mejora la comunicación

- Respeta las diferencias

- Aumenta la creatividad

- Comparte las expectativas para realizar tareas grupales.

Situación del caso

En este caso, mostramos cómo un equipo utilizó LEGO® Serious Play® para generar confianza mutua, entender las fortalezas ocultas y recibir feedback.

Además, el equipo desarrolló una visión común e identificó los comportamientos negativos que querían eliminar y los positivos que deseaban ver en sus acciones.

La reunión previa

Rita fue inusualmente clara en sus instrucciones y proporcionó un conjunto de objetivos específicos que quería lograr con el taller. Conjuntamente, acordamos un objetivo general:

Crear un equipo más fuerte con una imagen clara de nuestra visión y con la comprensión de los comportamientos positivos y negativos necesarios para realizarla.

La preparación

Este objetivo se tradujo en un borrador del plan para el taller en forma de unas notas de facilitación que se reproducen en su totalidad en las páginas siguientes. Rita y yo revisamos el borrador del plan para asegurarnos de que se ajustaba a sus expectativas y le hicimos pequeños ajustes.

Este caso se centra en el uso de LEGO® Serious Play® para mejorar la comunicación, dar feedback, crear apertura y generar confianza.

En este ejemplo, no profundizamos en los componentes de la visión y el comportamiento del taller, ya que se tratan en detalle en las partes 5.4 y 5.5 de este libro con otros casos.

A menudo, en el proceso continuo de creación de equipos, los grupos comienzan con un taller de 2 horas de LEGO® Serious Play® únicamente para aprender las habilidades del método y centrarse en generar confianza, abrir la comunicación y respetar las diferencias.

Generar la visión de equipo, los valores y comportamientos puede hacerse en otro taller.

Montaje de la sala

Es aconsejable ver la sala que se va a utilizar antes del taller, en persona o en línea, para asegurarse de que sea lo suficientemente grande y de que tenga los muebles que necesita. Un taller de LEGO® Serious Play® para 12 participantes necesita una sala pensada para 20 a 30 personas. Si combina varias mesas, use un mantel para asegurarse de que las piezas no caigan entre ellas.

Para un taller de esta escala y complejidad se necesita una hora de montaje. Por lo general, esto implica mover mesas y sillas de una configuración clásica de reunión a una configuración más cercana con varias mesas para crear una mesa principal para el trabajo en grupo, una mesa sin sillas para la construcción de modelos compartidos y mesas extras para piezas.

Mantel negro. 3 o 4 sillas.

iPad para música y tiempo

1 de 4 mesas para las piezas

Mesa para el modelo compartido

Mezcla de piezas variadas

Notas Facilitación

Bandeja 1 de 4 de piezas ordenadas

Mezcla de bases variadas

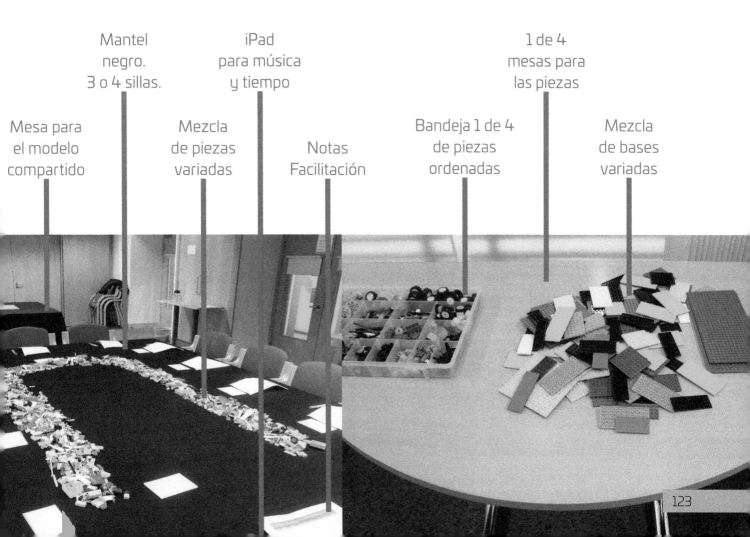

Objetivo general
Crear un equipo más fuerte con una imagen clara de la visión de nuestro equipo y con la comprensión de los comportamientos positivos y negativos necesarios para realizarla.

Tiempo	Sesión	Objetivo	Proceso/Notas
60 minutos	Montaje	Tener la sala preparada para satisfacer las necesidades de los participantes y hacer el taller	Sean monta la sala para atender las necesidades del taller. Incluye: • Mesa para trabajar en equipo. • 2 o 3 mesas para piezas de LEGO® • Mesa para modelos compartidos y finales. • INCLUYENDO modelos de feedback • Equipo de vídeo • Trípode, cámara y micrófono para grabar historias. • Tarjetas de identificación • Música
5 minutos	Bienvenida y objetivos	Aclarar los objetivos del taller	Rita y el jefe de Marketing dan la bienvenida y anuncian los objetivos de la sesión. • Presentar a Sean
5 minutos	Visión global del taller	Enseñar a los participantes la estructura y el flujo del taller	Sean da una breve introducción del taller LEGO® Serious Play® de formación de equipos Dar mensajes: • Para disfrutar y aprender • Respetar las mesas, vaciarlas de todo, excepto laspiezas o tarjetas • Desarrollo de habilidades

Notas de facilitación *narrativa*

Estas notas se utilizaron en el taller. Las notas se refinaron en tres iteraciones entre el cliente y el facilitador antes de que comenzara el taller.

Descargue y modifique estas notas, utilizando SUS objetivos y los resultados deseados para modificar el plan según sus necesidades.

Una breve introducción del promotor del taller de 5 minutos es perfecta para agradecer a los participantes su presencia, fijar los objetivos y presentar al facilitador.

Tenga cuidado con los monólogos largos (no más de 10 minutos) del jefe desde el principio.

El mensaje que dan los discursos de apertura prolongados (además del contenido) se puede interpretar como: "Lo que piensan los directivos es más importante que lo que piensan los participantes" y "Esta es una formación jerárquca, no participativa", por lo que "ser pasivo está bien".

Por supuesto, esto es lo opuesto al liderazgo participativo.

Descargue este plan de taller y plantilla en:

www.serious.global/downloads

Objetivo general
Crear un equipo más fuerte con una imagen clara de la visión de nuestro equipo y con la comprensión de los comportamientos positivos y negativos necesarios para realizarla.

Tiempo	Sesión	Objetivo	Proceso/Notas
40 minutos	Construcción de habilidades	Capacitar a los participantes con habilidades LEGO® Serious Play® (Técnica, metáfora y narración)	**Técnica -** Construir una torre | **2 minutos +** 10 minutos compartir Música: Snap out of it **2. Metáfora – ¡Explique esto!** | **30 segundos +** 10 minutos compartir **3. Narración –** Construir un modelo de las vacaciones Ideales | **2 minutos + 10 minutos** compartir Música: Happy Usar kits Windows. Después volver a meter en bolsas Pósters: Normas de etiqueta, Proceso del participante
10 minutos	Equipos efectivos	Aclarar los objetivos del taller	ENTREGA: Tarjetas ¿Cuáles son las dos cualidades clave de los equipos efectivos? (enumerar un par de palabras) ¿Qué aspecto clave se necesita para construir un equipo efectivo? Reflexión en equipos: ¿son esas las cualidades y aspectos necesarios para construir equipos efectivos?

Notas de facilitación *narrativa*

Un reto de construcción clásico de habilidades de LEGO® Serious Play®, vea la parte 4 para un plan detallado sobre cómo facilitar esta parte.

Dé más tiempo en sus primeros talleres.

Centre la atención de los participantes en las ideas clave de los modelos que construyen en cada ronda de compartir. Use indicaciones como:

"¿Qué historia cuenta su modelo?", "¡Tóquelo, muéstrenoslo!", "¡Escuche con sus ojos!","Sea curioso sobre lo que significan los modelos de los demás".

Elogie a los participantes que lo hacen bien para tratar de desarrollar estos hábitos en el grupo. Preste atención a las personas que construyen modelos y no los usan para contar la historia, y ayúdelas educadamente a concentrarse.

Puede ser útil usar los pósters A3 para recordarles las normas de etiqueta y los cuatro principios.

Participantes durante el desarrollo de habilidades. A cada uno se le dio un kit Windows Exploration, pero se puede usar cualquier gama de piezas.

+ ver "Las piezas" en la Parte 3, pág. 74.

Objetivo general
Crear un equipo más fuerte con una imagen clara de la visión de nuestro equipo y con la comprensión de los comportamientos positivos y negativos necesarios para realizarla.

Tiempo	Sesión	Objetivo	Proceso/Notas
30 minutos	Mi identidad	Para compartir cómo nos vemos nosotros mismos en el trabajo hoy Construir modelos de cada miembro del equipo tal como se ven hoy	Presentar el kit Identidad y paisajes de LEGO® a los participantes y pedir: Construya un modelo para mostrar su identidad, para mostrar quién eres tal como se ve hoy. Piense en sus valores, competencias y lo que realmente le importa 5 minutos construcción 10 minutos compartir > Instrucciones para el facilitador: Piense en estos modelos como un pensamiento sólido. Como impresiones tridimensionales de su mente. La imaginación tangible. Música: Snap out of it Compartir 1 o 2 minutos cada uno
15 minutos	Descanso		

Notas de facilitación *narrativa*

El kit de Identidad y paisajes contiene una amplia gama de piezas, desde piezas de LEGO® DUPLO® (que se conectarán a LEGO® cuando sepa cómo hacerlo), hasta piezas técnicas como bisagras y eslabones giratorios, animales e insectos, esqueletos y lingotes de oro.

Vale la pena hacer una breve introducción de estas piezas, así como ofrecer ayuda técnico si alguien tiene dificultades para hacer las conexiones que desea.

Podría definir este reto de la siguiente manera: "Cómo se vea, puede que no sea cómo le ven los demás, use este reto para crear un modelo que muestre quién es realmente, su identidad".

Responda las dudas antes de comenzar la construcción.

Si pasados 20 minutos ve a alguien que aún no está construyendo, pídale que "confíe en sus manos" y comience a construir.

SERIOUS**WORK**

Objetivo general
Crear un equipo más fuerte con una imagen clara de la visión de nuestro equipo y con la comprensión de los comportamientos positivos y negativos necesarios para realizarla.

Tiempo	Sesión	Objetivo	Proceso/Notas
20 minutos	Ventana de Johari Confianza	Compartir más de nosotros mismos con los demás Utilice el modelo de la ventana de Johari para compartir más de nosotros mismos (y generar confianza)	> Instrucciones para el facilitador: DIAPOSITIVA: Para grupos pequeños, use los pósers A3 de la Ventana de Johari (consulte la página 132 de este libro) Introducir el modelo de la Ventana de Johari El ejercicio anterior ayuda a mostrar su "área pública" Los equipos con mayor confianza son más efectivos. Este ejercicio ayudará a los demás a entenderle mejor. Modifique su modelo para mostrar algo que otros no sepan de usted. No tiene que ser un secreto muy personal (¡pero hágalo si quiere!). Puede ser algo que nunca haya llegado a compartir. O quizás algo que desee que otros miembros del equipo sepan sobre usted para hacerle sentir más feliz o mejor en este equipo. 3 minutos construcción + 10 minutos compartir

Notas de facilitación *narrativa*

Para este ejercicio se usó el modelo de la Ventana Johari. Los pósters A3 sobre el modelo se muestran en las páginas siguientes.

La idea clave es que los equipos con mayor confianza son más efectivos. Cada una de las tres "ventanas" es una oportunidad para generar confianza.

Antes del taller, pruebe los desafíos de construcción Johari usted mismo. Cree modelos de su propia identidad pública y, luego, modifique su modelo para mostrar parte de su identidad oculta.

Al pedirles que compartan algo de su "área oculta", es importante darles permiso a las personas para que expresen aspectos escondidos de sí mismas, **así como asegurarse de que se sientan seguras y que no se "espere" que revelen cosas que prefieran no revelar**.

No hay respuestas correctas o incorrectas. Confíe en que las personas vayan tan lejos como deseen a la hora de mostrar su vida profesional o personal.

Al compartir más sobre nosotros mismos, los ejercicios de la Ventana de Johari ayudan a generar confianza en los equipos. Los equipos con mayor confianza son más efectivos

La Ventana de Johari - Cuatro áreas

Descargue este póster A3 @ www.serious.global/downloads

Primero está lo que sabe sobre usted y comparte

A continuación está lo que sabe sobre usted mismo, pero elige no compartir

Otros - conocen

Otros - desconocen

| **Área pública**

Mi yo público | **Área ciega**

Mis puntos ciegos |
| **Área oculta**

Mi yo oculto | **Área desconocida**

Mi yo inconsciente |

Yo - conozco   Yo - desconozco

Luego está lo que los demás saben de usted, pero usted desconoce

Lo que ni yo ni los demás conocemos sobre mí

La Ventana de Johari - Generar confianza

Podrá descargar este póster A3 en www.serious.global/downloads

Preguntar – El feedback mejora el conocimiento sobre usted mismo

Contar –
Revelar
información
acerca de
usted mismo

**Área
pública**

Mi yo
público

**Área
ciega**

Mis puntos
ciegos

**Área
oculta**

Mi yo
oculto

**Área
desconocida**

Mi yo
inconsciente

**Podemos usar la
Ventana de Johari
para ayudar a
generar confianza
en los equipos.**

Cuanto más le "vean"
los demás ...

y cuanta más
apertura haya
entre todos...

más conexión y
confianza se
desarrollan.

Como resultado, las
relaciones se
fortalecen.

Objetivo general			
Crear un equipo más fuerte con una imagen clara de la visión de nuestro equipo y con la comprensión de los comportamientos positivos y negativos necesarios para realizarla.			
Tiempo	Sesión	Objetivo	Proceso/Notas
40 minutos	Ventana de Johari - cómo le ven los demás	Entender cómo nos ven los demás. Luego ofrecer feedback sobre cómo nos ven los demás miembros del equipo.	**El área ciega** DIAPOSITIVA: Para grupos pequeños, use los pósters A3 de la Ventana de Johari Construir un modelo para mostrar una fortaleza profesional clave de ... (el nombre de la persona en la hoja de papel o tarjeta) 4 minutos construcción + 10 minutos compartir + 10 minutos entrega a la persona Podría ser algo de lo que crea que no está al tanto, o que podría hacer más visible. O una fortaleza que subestima. Sea generoso - evoque lo mejor (pero no lo realmente obvio). Resuma la fortaleza de esta persona en 3 o 4 palabras en una tarjeta. • Compartir • Tomar fotos • Reflexiones

Notas de facilitación *narrativa*

Usar la Ventana de Johari para dar feedback.

La tarea se definió como feedback positivo, "construir un modelo para mostrar una fortaleza profesional de..." pero también podríamos haber ofrecido feedback sobre las percepciones de los límites de aprendizaje o necesidades de desarrollo. Decida antes del taller quién va a dar feedback a quién.

Puede ser positivo pedirle a un compañero de trabajo no muy cercano (¡o con el que no se lleva bien!) que dé una opinión positiva. Prepare pequeños trozos de papel como este:

John, construya un modelo que muestre una habilidad de liderazgo de Karen

Pídales a todos que mantengan los nombres en secreto mientras construyen y comparten las historias de los modelos.

Una vez que se hayan compartido todos los modelos, pida a cada uno de ellos que diga de quién era el modelo e invite al constructor a que entregue el modelo a la persona que recibe el feedback. Conserve los modelos si después quiere fotografiar a las personas con ellos.

Un miembro del equipo de esta persona la percibió como un eje creativo instrumental.

Equipo formado

El propósito de esta parte del libro era permitirle comprender cómo se facilitó una sesión de formación de equipos de un taller LEGO® Serious Play®.

En este taller, después de haber realizado los ejercicios de formación del equipo, el grupo pasó a pensar en una visión del mismo, así como a identificar los comportamientos positivos y negativos necesarios para lograr esa visión.

Para ver cómo se desarrolló, en la página 137 se muestra una versión abreviada de las notas de facilitación para el resto del taller.

Visión compartida

La parte 5.4 de este libro cubre el trabajo sobre una visión compartida en un taller diferente si desea ver esa aplicación en acción.

Valores y comportamientos

La parte 5.5 de este libro cubre los valores y los comportamientos en un taller diferente si desea ver esa aplicación en acción.

A continuación, puede leer algunas reflexiones y el aprendizaje de los clientes al usar LEGO® Serious Play® por primera vez en su entorno de trabajo.

A esta participante su compañero de trabajo la vio con la habilidad de tener la cabeza fría bajo presión. (Sutil representación, ¿cierto?)

	Objetivo general		
Crear un equipo más fuerte con una imagen clara de la visión de nuestro equipo y con la comprensión de los comportamientos positivos y negativos necesarios para realizarla.			
Tiempo	Sesión	Objetivo	Proceso/Notas
20 minutos	Visión del equipo	Construir un modelo de la visión que el equipo tendrá de sí mismo en 12 meses	Vea la Parte 5.4 de este libro para ver un caso de visión compartida.
30 minutos	Modelo compartido	Construir un modelo de la visión que el equipo tendrá de sí mismo en 12 meses	Vea la Parte 5.4 de este libro para ver un caso de visión compartida.
40 minutos	Comportamientos positivos y negativos	Identificar los comportamientos que ayudarán a realizar la visión.	Vea la Parte 5.5 de este libro para ver un caso de valores y comportamientos.
20 minutos	Reflexiones y aprendizaje	Compartir el aprendizaje triple del taller	Reflexionar, escribir y compartir sobre lo que los participantes han aprendido durante el taller
60 minutos	Cierre		Fotografiar los modelos

Frutos del taller

MModelos sobre Identidad y feedback, una visión compartida de equipo y modelos de comportamiento positivos y negativos.

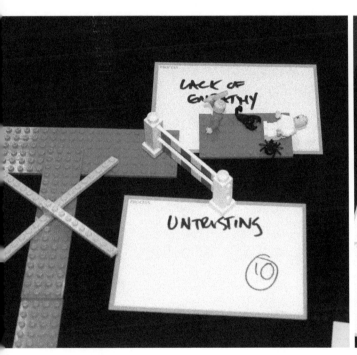

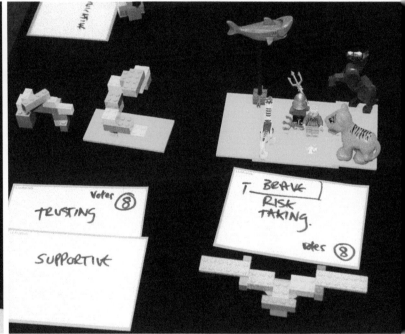

Aprendizaje

Lo que he aprendido sobre el poder de LEGO®
SERIOUS PLAY® como una herramienta de comu-
nicación efectiva.
Por Rita Fevereiro

Esto se ha reproducido del artículo que Rita, la
clienta, escribió en LinkedIn Pulse. Lea el artículo
completo en: http://bit.ly/Rita-Lego.

N.º 1 Todos construyen y todos comparten

Para cada desafío o pregunta, todos tienen que
construir un modelo utilizando piezas de LEGO®. A
veces habrá instrucciones específicas; en otras
ocasiones, decidirá la persona que construya el
modelo. Pero lo más importante es que todos
construyan algo y compartan lo que han creado.

N.º 2 No hay respuestas erróneas

No importa lo que construya, no hay una respuesta correcta o incorrecta. Es su creación, sus ideas
y su visión, y todo es valioso y relevante.

N.º 3 Compartir es obligatorio, pero solo hasta cierto punto

Todos deben explicar los modelos que han construido, pero pueden reservarse el derecho de
explicarlo solo en cierta medida. Especialmente, si
han construido algo personal y no se sienten
cómodos explicándolo en detalle. No estoy seguro
de si somos un equipo extraño, pero todos parecían bastante abiertos y dispuestos a compartir

más sobre ellos mismos, lo que fue a la vez inspi-
rador y divertido.

N.º 4 La creatividad se ve reforzada por el uso de metáforas

Me sorprendió la creatividad de los modelos. No
tanto debido al talento de nadie en la construcción,
sino porque todos estaban realmente comprometidos y usaban su imaginación para explicar conceptos y pensamientos que las piezas por sí solas
no podrían reflejar.

N.º 5 El poder de escuchar y hablar con sus ojos y manos

Siempre nos animaron a explicar cada modelo con
nuestras manos y señalar los diferentes elementos mientras contábamos su historia.

Esto ayudó a darle vida, pero también la hizo
mucho más poderosa, ya que los demás también
escuchaban con atención y seguían el modelo de
la persona que comparte su historia con sus ojos
tanto como con sus oídos.

N.º 6 La importancia de construir individual-mente y juntos

Disfruté construyendo mis propios modelos y
viendo hasta dónde puede llegar mi creatividad,
tanto como disfruté escuchando las historias de
los demás. Aprendí más sobre el yo personal y
profesional de cada miembro del equipo y eso, en
sí mismo, fue un buen resultado.

Pero construir un modelo compartido, una visión común que todos deseamos fue, con mucho, la experiencia más agradable. Fue agradable cuando el equipo trabajó en sintonía y compartió sus preocupaciones, aspiraciones y motivaciones.

Construimos un modelo compartido de lo que queremos lograr para el 2017. Incluye una rueda, un puente dinámico, guerreros, un tigre, un elefante y mucho más. Pero claro, eso son todo metáforas.

 **Un taller de generación de ideas**

Generación de ideas

12 personas, 4 horas

Gracias a Karl Anton y al equipo de Telia por permitirnos compartir este caso.

Contexto

En este caso, mostramos cómo un equipo multifuncional en Telia utilizó LEGO® Serious Play® para desarrollar nuevas ideas de servicio para una nueva estrategia en IPTV. IPTV es un servicio de televisión a través de internet por cable de banda ancha.

Telia es un gran proveedor internacional de servicios de telecomunicaciones. Los servicios relacionados con IPTV son uno de los segmentos de crecimiento más importantes en Telia Telco. Karl Anton, el jefe de la división de televisión de Telia, le pidió a Marko que facilitara un taller de ideas con el objetivo de:

Crear nuevas ideas de productos y servicios para Telia TV.

Lluvia de ideas con piezas

La mayoría de nosotros hemos participado en sesiones de lluvia de ideas y conocemos los principios que crean un ambiente seguro para generar ideas. Liberar su mente. Mostrarse abierto. No criticar. Mantener el ritmo. LEGO® Serious Play® es una buena herramienta para ayudar a generar ideas.

Un modelo de Construcción de habilidades "Inventar una bicicleta".

Un facilitador que conduce los retos a buen ritmo ayuda a lograr un buen flujo. Utilizar el humor en algún reto también genera un buen ambiente que, a su vez, alimenta la creatividad y la diversión.

Los talleres de ideas de LEGO® Serious Play® pueden adoptar diferentes formas. Puede llevar a cabo su sesión con apenas unas cuantas personas, pero el enfoque es tan universal que, con la preparación y la habilidad adecuadas, puede escalarse a grupos más grandes. Déjese guiar por tres principios para este tipo de taller:

1. Preste atención a la fase de Construcción de habilidades

2. Mantenga el ritmo y el flujo

3. Asegúrese de recopilar todas las ideas

Construcción de habilidades para la generación de ideas

La generación de ideas se basa en el pensamiento asociativo. Las personas necesitan fluir y es muy importante que se sientan realmente cómodas con las piezas. Nunca corte ni apresure la Construcción de habilidades de su taller de ideas.

Ya conoce los primeros ejercicios de Construcción de habilidades. Para que las personas tengan la mentalidad correcta para la generación de ideas, la Construcción de habilidades también debe impulsar la creatividad. Sugerimos utilizar también un cuarto reto: "Reinventar la bicicleta".

Lea el detalle sobre este reto en las notas de facilitación siguientes.

Montaje de la sala

Las piezas se distribuyeron de forma aleatoria para respaldar la generación de ideas, de modo que los participantes pudieran rebuscar en las pilas y construir lo que se les ocurriera en asociación rápida de ideas.

Usar cuatro mesas es una técnica avanzada de LEGO® Serious Play®. Sugerimos realizar su primera sesión de generación de ideas de LEGO® Serious Play® con 1 mesa y entre 4 y 6 participantes.

Ideas construidas en las esquinas de cada mesa

Piezas aleatorias en todas las mesas.

Rotafolio para escribir ideas

Mesa del facilitador. Piezas de repuesto, apuntes, iPad, música y diapositivas

Comida y bebidas al lado

145

SERIOUS**WORK**

Objetivo general: Crear nuevas ideas de productos y servicios para las 4 áreas de dirección estratégica de Telia TV			
Tiempo	**Sesión**	**Objetivo**	**Proceso/Notas**
60 minutos	Montaje	Tener la sala preparada para satisfacer las necesidades de los participantes y hacer el taller	• Diapositivas de la presentación • Reloj / temporizador • Apuntes para cada participante • Bolígrafos (= lapiceros) para cada participante • 4 mesas, cada una con piezas de LEGO®
5 minutos	Bienvenida y presentación	Presentar el objetivo y al facilitador	Karl Anton hace una introducción del taller: contar los éxitos recientes en el mercado y el objetivo del taller.
40 minutos	Introducción a LEGO® Serious Play®	Capacitar a los participantes con habilidades LEGO® Serious Play®	Habilidad 1:Construir una torre (2 minutos construcción + 8 minutos compartir y reflexionar) Habilidad 2:Narración:"Yo" (1 minuto construcción + 14 minutos para presentaciones) **Construya un modelo de usted mismo utilizando piezas y presente su construcción a otros participantes, enfatizando quién es y ¡lo que es importante para usted!** Habilidad 3: Metáfora: "¡Explique esto!" ¡Explique esto! (1 minuto construcción con solo 5 piezas + 10 minutos compartir). Todos pueden explicar que su construcción significa algo aleatorio, por ejemplo. "Mi televisor", "Servicio de televisión de ensueño", "Nuestro cliente", "El futuro de las telecomunicaciones", etc.

Notas de facilitación *narrativa*

Descargue y modifique estas notas, utilizando SUS objetivos y los resultados deseados para modificar el plan según sus necesidades.

En este taller, Marko llevó cuatro mesas a la vez. Gestionar las mesas concurrentes es una habilidad más avanzada. Le recomendamos encarecidamente que trabaje con una sola mesa hasta que haya recibido capacitación o haya realizado con éxito este taller varias veces.

Utilice los pósters A3 para recordar a las personas las normas de etiqueta y la comunicación mejorada que exige el proceso.

Vea la parte 4 para un plan detallado sobre cómo facilitar el componente Construcción de habilidades de LEGO® Serious Play®.

Este componente de Construcción de habilidades incluye dos rondas adicionales. Una ronda de narración de historias: "Yo" e "Inventa una bicicleta" (que se describe detalladamente en la página siguiente). Dé más tiempo en sus primeros talleres.

Descargue este plan de taller y plantilla en:

www.serious.global/downloads

Objetivo general: Crear nuevas ideas de productos y servicios para las 4 áreas de dirección estratégica de Telia TV			
Tiempo	**Sesión**	**Objetivo**	**Proceso/Notas**
20 minutos	Inventar una bicicleta	Profundizar en la Construcción de habilidades y situar a los participantes en el flujo de generación de ideas	Facilitador: ¡Construyan tantas ideas empresariales sobre bicicletas como puedan! Construir individualmente Gritar las ideas Poner el modelo en el centro de la mesa Construir la próxima idea ¡El equipo que tenga más ideas gana! 10 minutos construcción + 10 minutos reflexión sobre las ideas
20 minutos	Construir tipos de cliente y sus necesidades	Construir características de personificaciones de clientes para cuatro segmentos: 1) Clientes de negocios 2) Jóvenes 3) Clientes de la generación Y 4) Clientes ancianos	Generación de ideas centrada en segmentos de clientes. Cada mesa escoge un segmento **Construcción individual.** Creae un personaje-cliente y construya sus necesidades y deseos de TV y entretenimiento **3 minutos + compartir historia del personaje:** Use el marcador y anote las necesidades y deseos más importantes del personaje-cliente en notas adhesivas

Notas de facilitación *narrativa*

Ejercicio de Construcción de habilidades de pensamiento creativo: "Reinventa una bicicleta"

Este desarrollo de habilidades es útil para los talleres de ideas, ya que ayuda a los participantes a aprender cómo capear el temporal con rondas rápidas de construcción.

Narrativa del facilitador: "Es posible que haya oído a alguien decir: 'No inventes la bicicleta'".

Hoy vamos a hacer lo contrario. ¡Tendrán 10 minutos para inventar y construir tantas **ideas empresariales sobre bicicletas** como puedan! Todos construyen individualmente. Cuando haya terminado con su primera construcción, simplemente grite su idea de negocio a los otros miembros de su equipo, colóquela en el centro de la mesa y comience a trabajar en la siguiente idea. ¡El equipo que tenga más ideas gana!

Cuando los participantes comienzan a construir, normalmente las primeras ideas suelen ser obvias: una tienda de bicicletas, servicio de alquiler, carreras, reparaciones.

Luego se vuelven más divertidas: entrega de pizzas con bicicletas, aplicaciones de ciclismo, museos de bicicletas, circos de una rueda.

Y justo antes de que finalice el tiempo de construcción, los participantes se vuelven verdaderamente creativos: bicicletas para mascotas, decoración de interiores, electricidad generada por bicicletas, cuchillos para pizza en forma de bicicleta, desfiles de bicicletas con trajes de Papá Noel, etc.

Los participantes se divertirán mucho y disfrutarán la tarea. Una vez que los participantes se encuentran fluyendo, la construcción de una idea sencilla requiere entre 1 y 2 minutos. Por lo tanto, un grupo de 3 a 5 participantes puede construir entre 8 y 16 divertidas ideas sobre bicicletas.

Termine el ejercicio con una cuenta regresiva de 5 a 1 y grite: "Ahora dejen de construir". Pídales a los participantes que cuenten sus ideas de bicicletas y que vean quién tiene más. Luego, pida que reflexionen sobre las ideas que tuvieron y muestren los resultados de los edificios al resto del grupo.

Objetivo general: Crear nuevas ideas de productos y servicios para las 4 áreas de dirección estratégica de Telia TV			
Tiempo	**Sesión**	**Objetivo**	**Proceso/Notas**
30 minutos	Compartir las personificaciones de clientes y sus necesidades con las otras mesas.	Compartir ideas entre los grupos	Compartir, escuchar y reflexionar La gente se mueve entre las 4 mesas y escucha las historias de otras mesas sobre los cuatro tipos de clientes y sus necesidades. + Preguntas y reflexiones.
15 minutos	Descanso		
10 minutos	Inventar nuevas ideas de negocio	Construir ideas de productos o servicios para satisfacer las necesidades de sus personajes-clientes	Facilitador: Construir ideas para productos y servicios para satisfacer las necesidades de los personajes-clientes Construir individualmente Gritar las ideas Poner el modelo en el centro de la mesa Construir la próxima idea
10 minutos	Compartir y tomar nota	Presentar las ideas de negocios que fueron construidas para las necesidades de los 4 tipos de clientes.	En cada mesa o segmento, los participantes comparten los modelos de ideas de negocios. Después de que todos hayan compartido, invite a los participantes a resumir su modelo de idea de negocio en una tarjeta o nota adhesiva. Una por modelo.

Notas de facilitación *narrativa*

Contextualice esta fase como una oportunidad para que los participantes identifiquen nuevas necesidades para las personificaciones de clientes con las que están trabajando.

Anime a usar las rondas de intercambio como parte del proceso creativo. Las necesidades que identifiquen aquí pueden ser útiles para la próxima sesión de ideas.

Antes de la sesión de ideas clave, es aconsejable realizar una breve pausa porque, por lo general, los participantes están cansados.

Un descanso ayuda a cristalizar las historias y a comenzar la siguiente fase de lluvia de ideas con energía renovada.

Observe a los participantes. Algunos pueden perderse o atorarse durante el ejercicio rápido.

Acérquese y ayúdelos haciendo preguntas amables en voz baja para ayudarlos a avanzar.

Participantes durante el intercambio entre cada grupo de mesa.

Objetivo general: Crear nuevas ideas de productos y servicios para las 4 áreas de dirección estratégica de Telia TV			
Tiempo	**Sesión**	**Objetivo**	**Proceso/Notas**
30 minutos	Compartir ideas con las otras mesas	Compartir entre grupos	Los participantes se mueven entre las 4 mesas y escuchan las historias de otras mesas sobre distintas ideas de negocios
10 minutos	Votar y seleccionar	Elegir las ideas y soluciones de negocios más útiles y apropiadas para las necesidades de los clientes	A partir de todas las ideas escuchadas, los participantes se pasearán entre las mesas y "votarán con banderas" para elegir las ideas que más apoyen. Ver resultados y reflexión
15 minutos	Nuestro plan de acción	Elegir ideas para darles vida	En las mesas. Tomando las mejores ideas, escriba acciones para hacer progresar las ideas en los siguientes 30/60 días, una por tarjeta.
20 minutos	Compartir los personajes-clientes y las soluciones con las otras mesas	Compartir entre grupos	Los participantes se mueven entre las 4 mesas y escuchan las historias del plan de acción de otros.
15 minutos	Reflexiones y aprendizaje	Compartir el aprendizaje clave del taller	Tarjetas y compartir

Notas de facilitación *narrativa*

A veces, la generación de ideas se vuelve muy creativa, y la calidad y la relevancia de las ideas varían.

Podría sugerir que los participantes decidan primero los criterios de decisión para votar. Podrían elegir las ideas que encajen mejor con el objetivo del taller.

Piense en utilizar un tiempo estipulado para la planificación de la acción, como los próximos 30 o 60 días. O sugiera acciones en tiempos muy breves: "¿Qué cosas hará primero la próxima semana?".

Con frecuencia esto se pasa por alto o se omite ocasionalmente cuando los participantes se quedan sin tiempo.

Preguntar a los participantes qué han aprendido sobre ellos mismos, su equipo o el tema en cuestión es una excelente manera de terminar cualquier reunión. La fase de aprendizaje al final de las reuniones puede ser una de las partes más importantes de la reunión.

Frutos del taller

¡El taller generó muchas ideas! A continuación figuran algunas que Telia nos permite compartir..

¿Puede relacionar la idea con el modelo?

- Canal de TV sostenible

- Juegos para TV

- Canal de vídeos sobre gatos

- Canal de TV sobre pesca con cámara web

- Sociedad con gran conglomerado

- Canal de telenovelas

- Televisor galardonado de pantalla ultra ancha con realidad aumentada

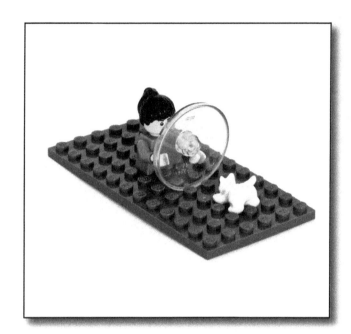

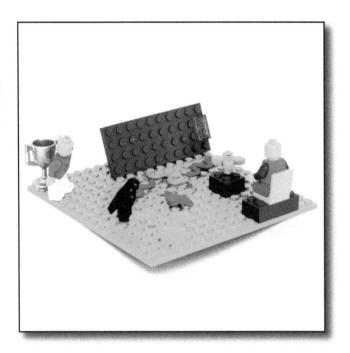

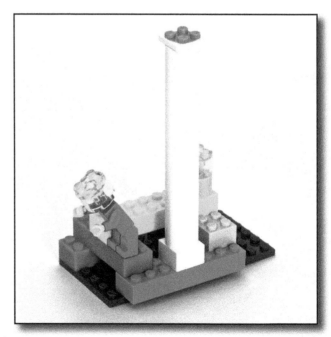

Frutos del taller

¿Qué pasó luego? 11 meses después, Karl Anton, jefe del equipo de Telia TV, reflexiona sobre los resultados del taller de generación de ideas.

Cuando valoramos la posibilidad por primera vez de realizar un taller de LEGO® Serious Play®, nuestro objetivo era probar algo poco convencional. Una estrategia típica podría ser 25 páginas de diapositivas de PowerPoint que alguien haya redactado. Queríamos hacer algo original.

La sesión de LEGO® Serious Play® con Marko fue uno de los talleres más extraordinarios que hemos tenido en Telia.

El aspecto más inesperado fue conocer a los miembros de nuestro equipo desde una perspectiva diferente. Tenemos algunos colegas que en su mayoría están haciendo trabajo técnico o administrativo. Me sorprendió positivamente que a todo el mundo se le ocurrieran tantas ideas creativas.

Nuestros trabajos diarios no nos dan a todos la oportunidad de mostrar nuestro lado creativo.

LEGO® Serious Play® creó un entorno que les permitió a todos abrirse de una manera muy efectiva.

Poco después de nuestro taller LEGO® Serious Play®, organizamos un evento de seguimiento en el que visitamos empresas emergentes y aprendimos cómo ponen en práctica sus ideas. Estos dos eventos en conjunto nos ayudaron a desarrollar nuestras ideas en una estrategia que incluía una hoja de ruta claramente formulada en qué servicios centrarse y cómo seguir adelante con ellos.

Por lo tanto, nuestra estrategia se hizo más amplia y clara que nuestras estrategias anteriores y, curiosamente, ahora incluía algunos elementos divertidos.

Hemos hablado del taller varias veces. Si tuviera que seleccionar solo una palabra que más hemos usado, sería "divertido".

A pesar de que estábamos haciendo un trabajo serio, no parecía un trabajo porque LEGO® Serious Play® nos hizo disfrutarlo.

Karl Anton
Tallinn
Octubre de 2016

Parte 5.4

Taller de Visión compartida

Visión compartida

11 personas. 2 horas.
(Parte de un taller de 6 horas)

Gracias a Peter Brennan, vicepresidente Hotel Operations and Performance Support Europe en InterContinental Hotels Group por permitirnos compartir este caso.

Contexto

En este caso, mostramos cómo un equipo recientemente fusionado usó LEGO® Serious Play® - Nivel 2, para crear una visión compartida para el equipo por la que aspiraban a "hacerse famosos".

Dos equipos se convierten en uno

Como parte del proceso continuo de cambio, se fusionaron dos equipos en IHG. Este taller fue la primera vez que el nuevo equipo trabajaba en conjunto.

El taller fue de seis horas en total y fue diseñado para lograr el siguiente objetivo:

Establecer una cultura vibrante para el nuevo equipo de la división de Soporte de Operaciones a través del acuerdo sobre la visión, los valores y los comportamientos de (lo que será) nuestro famoso equipo de éxito.

Este caso se centrará en la sesión de visión compartida de dos horas que formó parte de un taller de seis horas en total.

Reunión previa y selección del método

Después de que el cliente nos hiciera la petición, aclaramos nuestra comprensión de los objetivos para la sesión y le ofrecimos dos opciones de proceso, una con LEGO® Serious Play® y la otra con herramientas para talleres más tradicionales.

El cliente pensó que LEGO® Serious Play® sería una buena opción, por lo que completamos el diseño del taller utilizando el formato de notas de facilitación que verá reproducido en las páginas siguientes.

Una breve descripción de construcción de modelos compartidos

Este caso no pretende más que exponer los principios básicos de LEGO® Serious Play® Nivel 2: Construcción de modelos compartidos.

Piense en esta sección como un "dibujo" en lugar de "un conjunto de esquemas".

Nuestra esperanza es que aprenda lo suficiente sobre la construcción de modelos compartidos para querer saber más. Esta habilidad de facilitación es realmente mejor aprenderla mediante la práctica.

Una forma de organizar las piezas más pequeñas. Los contenedores (comprados en la tienda de bricolaje) tienen tapas de cierre seguro y son más portátiles que las bandejas de color naranja que LEGO® proporciona en el kit Identidad y paisajes.

Montaje de sala y kit

Comprobar que la sala sea lo suficientemente grande.

Antes del taller, compruebe que la sala deseada sea lo suficientemente grande para las actividades. Lo ideal es visitar el sitio o revisar un plano de planta o fotos online de la sala.

Lea sobre lo que puede pasar cuando una sala es demasiado pequeña en la parte 6 página 225.

Mover mobiliario - crear zonas

Calcule una hora para configurar el salón. Esto implica principalmente mover mesas y sillas de una distribución tipo reunión de junta directiva para crear tres zonas diferentes.

Zona 1: Material

Mesas de repuesto para piezas y otro material del taller, como bolígrafos (=lapiceros), cámaras y notas adhesivas.

Zona 2: Trabajo grupal

Necesitará mesas con sillas para el trabajo en grupo y los modelos individuales de construcción y compartir.

Zona 3: Construcción de un modelo compartido

Una mesa sin sillas para la construcción de un modelo compartido. La construcción de modelos compartidos es una tarea activa que se realiza mejor de pie.

Mural ProMeetl ▬

Mesa 1 para piezas ▬

Cámara y trípode ▬

Notas de facilitación y iPad ▬

Mesa 2 para construir ▬

Altavoz Bluetooth para música ▬

Tarjetas o notas adhesivas ▬

Mesa 3 para construir modelo compartido ▬

"Puntero" para narración (escalera LEGO®) ▬

Modelo compartido ▬

Seleccionar las piezas adecuadas

Para este taller utilicé los kits Windows Exploration para el desarrollo de habilidades (los participantes empaquetaron estas piezas en bolsas al completar la fase), y un kit Identidad y paisajes ligeramente mejorado, para la visión y los ejercicios que siguieron.

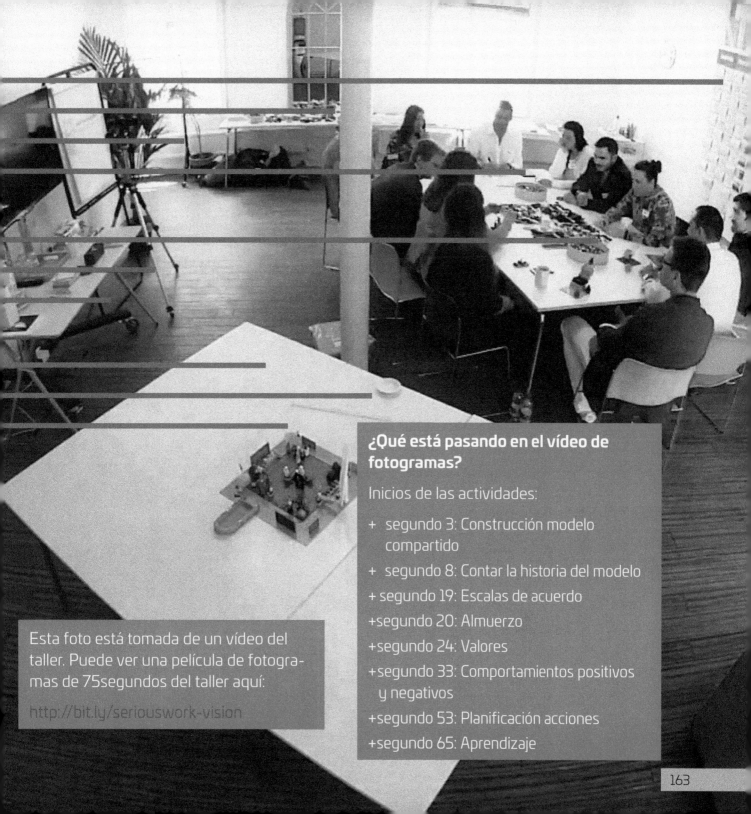

¿Qué está pasando en el vídeo de fotogramas?

Inicios de las actividades:

+ segundo 3: Construcción modelo compartido

+ segundo 8: Contar la historia del modelo

+ segundo 19: Escalas de acuerdo

+segundo 20: Almuerzo

+segundo 24: Valores

+segundo 33: Comportamientos positivos y negativos

+segundo 53: Planificación acciones

+segundo 65: Aprendizaje

Esta foto está tomada de un vídeo del taller. Puede ver una película de fotogramas de 75segundos del taller aquí:

http://bit.ly/seriouswork-vision

SERIOUS**WORK**

Objetivo general
Crear un equipo más fuerte con una imagen clara de nuestra visión y con la comprensión de los comportamientos positivos y negativos necesarios para realizarla.

Tiempo	Sesión	Objetivo	Proceso/Notas
60 minutos	Montaje	Tener la sala preparada para satisfacer las necesidades de los participantes y hacer el taller	Sean monta la sala para atender las necesidades del taller. Incluye: • Mural en pared en blanco - con encabezados de los retos • Mesa para trabajar en equipo. • Mesas para piezas de LEGO® • Mesa para modelos compartidos y finales. • Equipo de vídeo • Trípode, cámara y micrófono para grabar historias. • Tarjetas de identificación
	Llegada		9:00 para empezar a las 9:30
10 minutos	Bienvenida y objetivos	Aclarar los objetivos del taller	Peter dará: • Bienvenida • Objetivo general del taller • Resumen del taller (NO la realidad actual) • y presentará a Sean
10 minutos	Equipos de éxito famosos	Dar al taller un comienzo participativo y optimista.	Reto con tarjeta - complete la oración. "El famoso y exitoso equipo de soporte de operaciones de IHG al que me gustaría pertenecer sería…" No hay respuestas equivocadas.

Notas de facilitación *narrativa*

Las notas de facilitación que se utilizaron en el taller. Se perfeccionaron entre el facilitador y el cliente durante nueve iteraciones.

Descargue y modifique libremente estas notas, utilizando SUS objetivos y los resultados deseados para modificar el plan según sus necesidades.

PROCESS

Please complete the sentence
The 'famously successful' IHG ops support team I'd like to belong to would…

SUPPORT EACH OTHER
OPENLY & HONESTLY

Este taller comenzó con una sencilla tarea de "pensar, escribir, compartir", de precalentamiento, para hacer que todos pensaran en la pregunta del taller y normalizar una cultura de taller igualitaria y participativa

Descargue este plan de taller y plantilla en:

www.serious.global/downloads

165

SERIOUS WORK

Objetivo general
Crear un equipo más fuerte con una imagen clara de nuestra visión y con la comprensión de los comportamientos positivos y negativos necesarios para realizarla.

Tiempo	Sesión	Objetivo	Proceso/Notas
10 minutos	Realidad actual	Para definir los hechos de la realidad actual, los nuevos equipos de operaciones deben trabajar con.	Peter comparte tarjetas preparadas de antemano
50 minutos	Construcción de habilidades de LEGO® Serious Play®	Capacitar a los participantes con habilidades LEGO® Serious Play®	**Construcción de habilidades estándar: consulte la parte 4 de este libro para ver instrucciones detalladas.**
50 minutos	Las visiones individuales conducen a una visión compartida Definir qué hará famoso al equipo de Soporte de Operaciones (nuestra visión)	Crear una visión compartida para la división de Soporte de Operaciones Definición de la visión para el taller: Visión para nuestro equipo en 12 meses. Una imagen deseable y atractiva de un estado futuro	Definir el reto: Es junio de 2016. Su equipo está en la portada de Fast Company. Reto 1: Trabajo individual Construya un modelo para mostrar por qué su equipo es famoso (¿Qué habrá hecho para ser famoso? Que su modelo ilustre la naturaleza de ese éxito (la metáfora) Música Cuando termine, escriba el título de su artículo de portada en una tarjeta Reto 2: Compartir Todos comparten la historia de los modelos. Alentar la escucha activa

Notas de facilitación *narrativa*

Después de la Construcción de habilidades, los kits Window fueron empaquetados y guardados. Luego, Sean presentó a los participantes las piezas de Identidad y paisajes que se habían colocado en una mesa separada.

La tarea se enmarcó utilizando un juego de innovación: "Artículo de portada". Se pidió a los participantes que imaginaran que su equipo había aparecido en la portada de una famosa revista a los 12 meses.

Luego, trabajando individualmente, se les pidió que utilizaran las piezas para construir modelos de lo que su equipo había logrado.

Una construcción de 4 minutos. La música ayuda a las personas a concentrarse y las alienta a no entablar conversaciones en este punto del proceso.

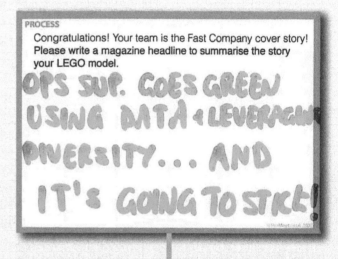

PROCESS

Congratulations! Your team is the Fast Company cover story! Please write a magazine headline to summarise the story your LEGO model.

OPS SUP. GOES GREEN USING DATA & LEVERAGING DIVERSITY... AND IT'S GOING TO STICK!

Les pedí a los participantes que escribieran un título para el "artículo de portada" para resumir su modelo.

Utilice los pósters explicativos A3 para recordar a las personas las normas de etiqueta y la comunicación mejorada que aporta el proceso.

Objetivo general
Crear un equipo más fuerte con una imagen clara de nuestra visión y con la comprensión de los comportamientos positivos y negativos necesarios para realizarla.

Tiempo	Sesión	Objetivo	Proceso/Notas
60 minutos	Visión compartida Definir qué hará famoso al equipo de Soporte de Operaciones (nuestra visión)	Crear una visión compartida para la división de Soporte de Operaciones Este ejercicio creará un modelo compartido único para describir QUÉ hará famoso al equipo de la división de Soporte de Operaciones en 12/18 meses. Será su visión compartida para su equipo. Las escalas de acuerdo nos permitirán registrar y comprender cuánto acuerdo que existe sobre esta visión, y entender las preguntas o reservas que tienen las personas sobre la visión compartida.	**Reto 3: Marque con una bandera la parte más importante de su modelo individual** (2 minutos.) **Reto 4: Cree un modelo compartido de lo**  **que hará famoso a su equipo en 12 meses** (15 minutos) **Música: Nigel Stanford** Reto 5: (Vídeo) Pida a al menos a 4 personas que cuenten la historia de la visión compartida. Grabe en vídeo cada ronda. **Reto 6:** Escala de acuerdos sobre la visión compartida. 1. Todos: Seleccione una posición en la escala de acuerdos 2. Escribir en las tarjetas (individualmente) 3. Más la pregunta clave o preocupación 4 Compartir (1 regla de la tarjeta) y colgar Fotografiar la escala de acuerdos y los modelos

Notas de facilitación *narrativa*

Construcción de Modelo compartido - en breve

Nivel 2: La construcción de un Modelo compartido, podría ser el tema de unos cuantos capítulos o un libro. Facilitar este proceso se aprende mejor haciéndolo. En modo 'titular,' es así:

Tarea 4 Construir un modelo compartido

Después de que todos hayan compartido sus modelos individuales, se les pide que coloquen una bandera LEGO® en la parte o el mensaje más importante de su modelo. La parte marcada de los modelos individuales debe estar representada en el modelo compartido, si no fuera así, sería difícil para esa persona decir que comparte el modelo final. Puede ver banderas verdes en la foto en la página siguiente.

A continuación, se invita al grupo a pasar a la mesa de construcción del modelo compartido (sin sillas). En el centro de la mesa hay una gran placa de base blanca sobre la que se construirá el modelo compartido.

Pida a las personas que resuman las partes marcadas de sus modelos, para que todos entiendan las ideas clave colectivas.

Luego, invitará a los participantes a construir un modelo compartido, utilizando los modelos individuales como fuente de ideas y piezas.

Es mejor moderar este proceso a partir de los modelos, no en debate. Después de invitar a un grupo a construir un modelo compartido, anímelo a mover modelos individuales o partes de modelos a la placa de base grande y comente por qué han colocado las ideas o los modelos donde lo han hecho.

Permita que las personas muevan los modelos de cada uno alrededor de la placa de base grande al describir el significado y la historia que está surgiendo. En grupos de más de 8 tenga cuidado con las conversaciones y construcciones que puedan darse simultáneamente. Si esto sucede, pida al grupo que tenga una sola conversación o la gente perderá el significado de la parte con la que no están involucrados.

Después de unos 15 minutos, emerge un modelo que comienza a verse completo.

A mitad de camino de la construcción del modelo compartido. Ver que toda la atención está centrada en los modelos es una buena señal de que la conversación está siendo intermediada por ellos.

La primera versión del modelo de visión en equipo, que se construyó a partir de modelos individuales de los participantes.

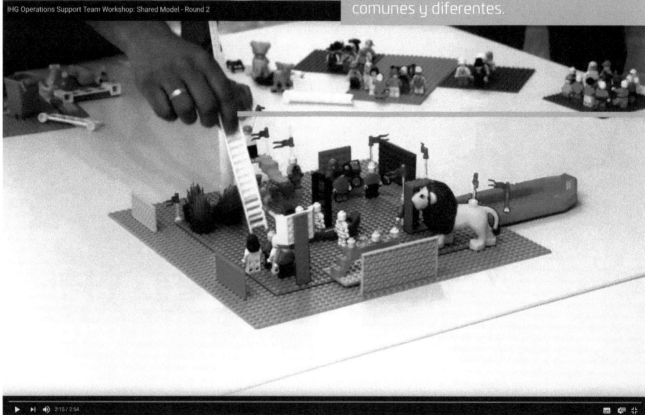

Un fotograma de uno de los siete vídeos grabados durante la narración de la historia. Este participante cuenta la historia del modelo tal como la entiende. Otros escuchan y encuentran interpretaciones comunes y diferentes.

IHG Operations Support Team Workshop: Shared Model - Round 2

▶ ▶| 🔊 2:15 / 2:54

Notas de facilitación *narrativa*

Tarea 5: Contar la historia, llegar a un significado común

No importa si el ejercicio del modelo compartido se considera incompleto antes de pasar a esta etapa.

Ahora invite a un participante a contar la historia de cada parte del modelo compartido. Pídales que usen **un puntero**, en este caso una escalera LEGO®, para ayudarlos a centrarse en la historia del modelo y a contar la historia de **cada parte** del modelo. Recuérdeles que no hay respuestas correctas o incorrectas, solo diferentes interpretaciones.

Sugiera a los demás participantes que escuchen activamente, ya que cualquiera de ellos podría ser el siguiente.

Por lo general, es buena idea grabar en vídeo este proceso, y existen varias técnicas para hacerlo, consulte la parte 6 para ver más sugerencias. Es buena idea recordar a todos que se está grabando para mantener el ruido de fondo y charlas a un nivel mínimo.

Invite a otra persona a contar la historia. Sugiera que no es un juego de memoria, no tiene que contar la historia que acaba de escuchar, sino la historia del modelo tal y como lo entiende esa persona.

Después de terminar, pregunte qué diferencias escuchan las personas entre las dos historias. Usa las diferencias para preguntar al grupo qué significado comparten. Repita este proceso e invite al grupo a enmendar el modelo a medida que avanzan, hasta que surja un entendimiento común.

En este ejemplo, siete de los once participantes contaron la historia y grabaron vídeos. El modelo se perfeccionó a medida que avanzaban. Puede ver el modelo final en la pág. 176.

Tarea 6: Escalas de acuerdo

Utilizamos otro proceso (no LEGO®), denominado "Escalas de acuerdo" para comprender las preguntas clave, las reservas o las inquietudes de los individuos sobre la visión compartida.

Lea sobre esta excelente herramienta en el blog ProMeet (http://bit.ly/ProMeet-SoA).

Visión compartida

El propósito de esta parte del libro era informarle sobre cómo se facilitó el componente de visión compartida en un taller de LEGO® Serious Play®.

Este taller siguió teniendo en cuenta también valores y comportamientos. Puede ver en la página 175 una versión abreviada de las notas de facilitación para el resto del taller.

El taller de valores y comportamientos

La parte 5.5 de este libro cubre los valores y los comportamientos en un taller diferente si desea ver esa aplicación en acción.

Al final del taller, cuando los participantes se hayan ido, fotografíe cuidadosamente todos los modelos antes de guardarlos.

Una vez desmontados, desaparecen para siempre.

Por supuesto, el resultado que más desea crear son ideas firmemente fijadas en las mentes de las personas que no necesitan recordatorios fotográficos, pero las imágenes sencillas y potentes como el modelo "NO PONER BARRERAS" son excelentes recordatorios de los comportamientos negativos que el equipo dijo que no quería.

Objetivo general Crear un equipo más fuerte con una imagen clara de nuestra visión y con la comprensión de los comportamientos positivos y negativos necesarios para realizarla.			
Tiempo	Sesión	Objetivo	Proceso/Notas
45 minutos	Almuerzo		
30 minutos	Valores	Identificar los valores clave necesarios para transmitir la visión	Vea la Parte 5.5 de este libro para ver un caso de valores y comportamientos
30 minutos	Comportamientos positivos	Identificar los comportamientos que ayudarán a realizar la visión	Vea la Parte 5.5 de este libro para ver un caso de valores y comportamientos
30 minutos	Comportamientos inhibidores	Identificar comportamientos que bloquearán la visión	Vea la Parte 5.5 de este libro para ver un caso de valores y comportamientos
15 minutos	Descanso		
30 minutos	Vuestra visión, valores y comportamientos	Identificar preguntas o reservas clave	Utilice también las "escalas de acuerdo" para evaluar el nivel de acuerdo, e identifique las preocupaciones restantes
45 minutos	Planificación de acciones	Crear planes de acción individuales	Planes de acciones individuales de 100 días en tarjetas. 10 minutos solos y, luego, compartir
15 minutos	Aprendizaje	Reflexionar y aprender	Reflexionar, escribir, compartir tareas. ¿Qué ha aprendido hoy sobre la pertenencia a este equipo?

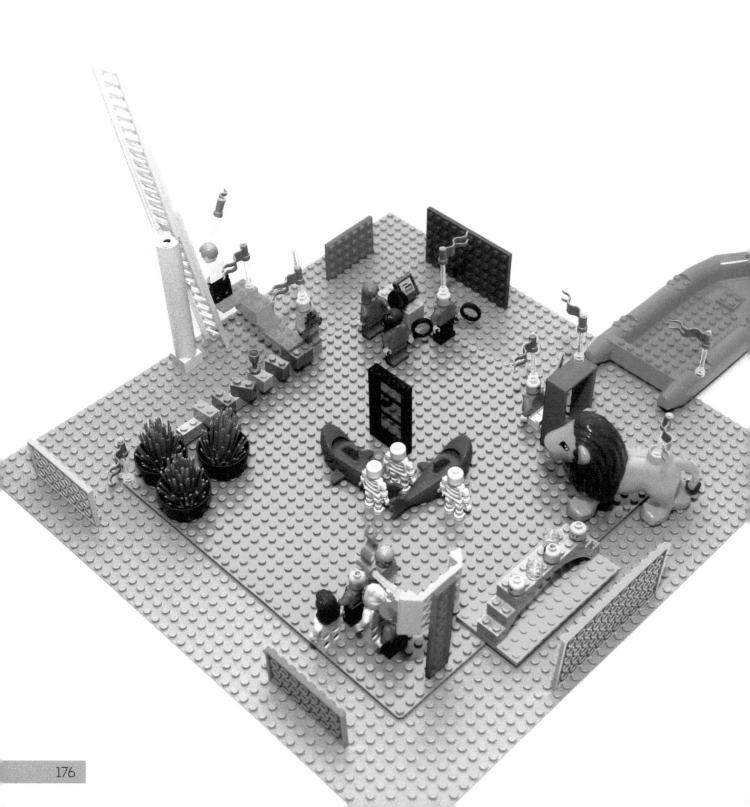

Fotografiar los modelos

El taller ha terminado. Su cliente quiere tener un registro de lo construido. No es demasiado difícil hacer fotos adecuadas con una buena cámara, trípode y flash.

Todas las fotos que se muestran aquí se tomaron inmediatamente después del taller utilizando una mesa blanca o una hoja de rotafolio pegada a una pared.

Sobreexponga ligeramente las fotos, use una abertura estrecha, (véase18) y haga con frecuencia una revisión muy rápida en Photoshop o Aperture para ajustar la exposición y el balance de blancos, y eliminar puntos oscuros o manchas.

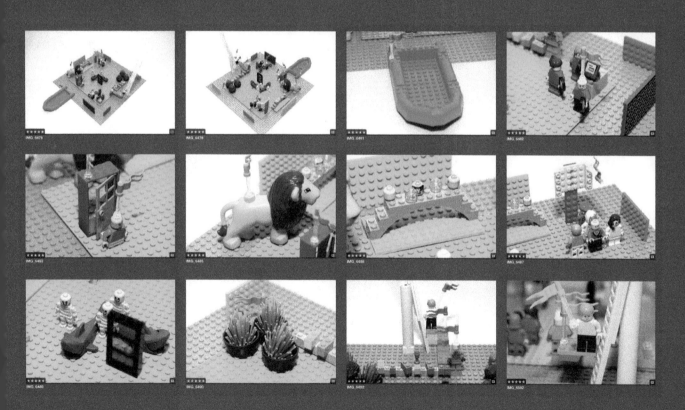

Frutos de la sesión de Visión de equipo

Para alguien que no haya estado allí, es difícil saber qué significa su modelo de visión. Para el equipo de IHG, la visión compartida que tienen para su equipo es...

Somos analíticos e nos mueven los datos...

Innovamos y creamos soluciones...

Asumimos riesgos, y sabemos que nos pueden rescatar si es necesario...

Tendemos puentes con los departamentos. de Operaciones, Hoteles y todo IHG....

Entendemos nuestros retos y aprendemos del pasado...

Todos somos líderes y dueños de nuestros resultados...

Comunicamos en cascada nuestros mensajes y éxito como equipo...

Nuestras marcas son la esencia de todo lo que hacemos...

Frutos del taller

Entonces, ¿qué pasó después? 18 meses después del taller, el cliente Peter contó lo sucedido.

Inmediatamente después del taller, el equipo regresó a la oficina con mucha energía y muy comprometidos. Todos teníamos nuestros "planes de acción a 100 días", pero luego pensamos en cómo mantener vivas las ideas del taller. Para ello, hicimos tres cosas...

Recordatorios generales

Usamos los resultados del taller e hicimos algunos carteles para colocar en la oficina como recordatorios generales. Esto nos ayudaba a recordar lo que hicimos el día del taller y nos ayudaba a mantener o que habíamos aprendido y acordado, pero también nos recordaba nuestros comportamientos y cómo dijimos que queríamos actuar unos con otros.

LEGO® y juego

También compramos algunos juegos de LEGO® como un recordatorio de que jugar es algo que ayuda a recordar las ideas que creamos y compartimos; los valores del equipo sobre lo que queremos y no queremos hacer. Creo que ese elemento del juego permitió que la información y las lecciones se mantuvieran en el negocio y en el equipo.

Si hubiésemos ido a una formación en aula tradicional, incluso si hubiéramos logrado un compromiso total al final del día, no estoy seguro de que esas lecciones todavía resonaran en el equipo más de 18 meses después.

Valores alentadores

El equipo tenía tarjetas impresas con el modelo LEGO® de los valores que construimos en la parte frontal. Cuando vemos a otras personas en la organización que muestran estos valores, escribimos una nota de felicitación y la enviamos.

Estas tarjetas le dan al personal un reconocimiento, y dicen: **"Te vi hacer algo que coincide plenamente con nuestros valores, solo quiero darte las gracias, bien hecho".**

Peter Brennan
Denham
Octubre de 2016

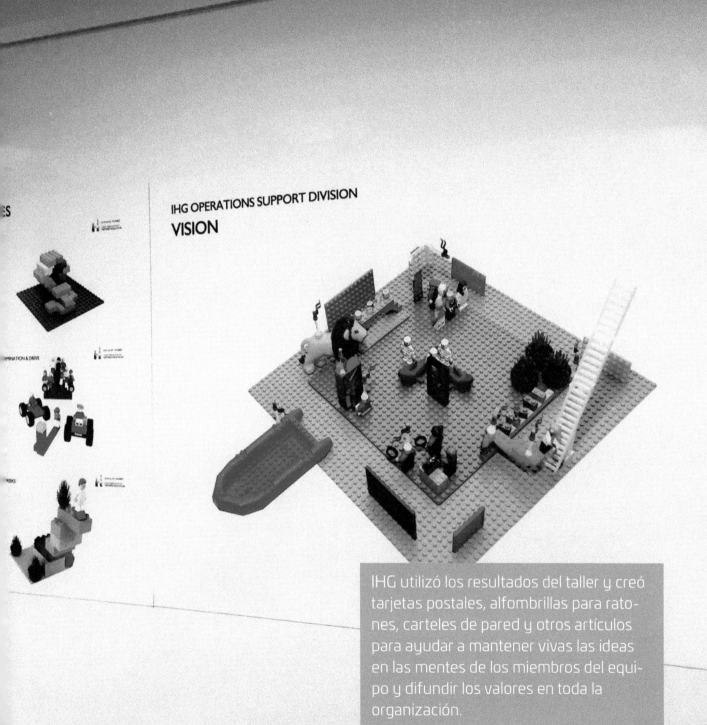

IHG OPERATIONS SUPPORT DIVISION
VISION

IHG utilizó los resultados del taller y creó tarjetas postales, alfombrillas para ratones, carteles de pared y otros artículos para ayudar a mantener vivas las ideas en las mentes de los miembros del equipo y difundir los valores en toda la organización.

Parte 5.5

Valores y comportamientos

Valores y comportamientos

22 personas, 3,5 horas

Gracias a Jim Bowes, director general de Manifesto Digital, y su equipo por permitirnos compartir este caso.

Contexto

Manifesto Digital es una agencia digital galardonada con sede en Londres. Crean cambios gracias a la combinación de ideas, diseño y tecnología, y los resultados de su trabajo suelen ser aplicaciones y páginas web que tienen como objetivo hacer que la vida de las personas sea mejor, más fácil y más justa.

Su director general, Jim, escribió su primer "plan de negocios" algunos años antes en la fase inicial de la empresa. Sabiamente pensó que era buena idea involucrar a todo el equipo en un taller para definir los valores y comportamientos que necesitarían para su próximo periodo de crecimiento.

Acordamos este objetivo general:

Construir un equipo más fuerte con valores compartidos y comportamientos acordados: "un nuevo manifiesto para Manifesto".

Sugerí que LEGO® Serious Play® sería una herramienta poderosa para explorar valores y comportamientos, y que crearía un conjunto memorable de resultados tangibles.

Jim había asistido a un meetup de LEGO® Serious Play® en Londres (véase la parte 7 para obtener más información sobre los meetups), por lo que había experimentado el método y la facilitación de Sean, y pensó que podría satisfacer las necesidades de sus equipos.

Diseño del taller orientado a objetivos

Exactamente como se describe en la Parte 2 de este libro, a continuación utilizamos la "lógica de los objetivos" y desarrollamos un conjunto de objetivos para el taller:

Compartir los objetivos del taller

Evaluar el nivel actual de desarrollo del equipo

Adquirir habilidades de LEGO® Serious Play®

Compartir la visión de Manifesto para 2017 con el equipo

Acordar un léxico para este taller

Identificar los valores fundamentales de Manifesto

Identificar los comportamientos positivos esenciales que necesita Manifesto

Identificar los comportamientos negativos principales que Manifesto no necesita

Identificar el conjunto de principios rectores sencillos para Manifesto

Aclarar lo que pasará a continuación

Un aporte: Modelo de visión compartida

Como puede ver en los objetivos anteriores, el taller incluyó compartir la visión de Manifesto.

Solo unos días antes de esta sesión con el equipo completo, convocamos a los tres directores para realizar a un pequeño taller en el que desarrollaron un modelo de visión compartida.

Los directores construyeron un modelo compartido y grabaron vídeos del modelo de visión que fueron la aportación inicial para el taller con todo el equipo.

Selección de piezas

Para el precalentamiento usamos kits Windows Exploration que se entregaron a cada participante en una bolsa con cierre de cremallera. Para los valores, comportamientos y principios rectores simples, se usó un kit Identidad y paisajes.

Notas de facilitación

Estos objetivos se tradujeron en las notas de facilitación siguientes, que puede descargar en serious. global/downloads y adaptar para su propio uso.

Nota sobre el tamaño del grupo

Este grupo era de 22 participantes. La gestión de un grupo tan grande requiere habilidades y experiencia adicionales. Este plan funcionará bien para grupos de entre 6 y 10 personas. ¡No lo intente con grupos grandes hasta que haya desarrollado unas excelentes habilidades de facilitación con LEGO® Serious Play®!

Objetivo general Crear un equipo más fuerte con una imagen clara de nuestra visión y con la comprensión de los comportamientos positivos y negativos necesarios para realizarla.			
Tiempo	Sesión	Objetivo	Proceso/Notas
60 minutos	Montaje	Tener la sala preparada para satisfacer las necesidades de los participantes y hacer el taller	Sean monta la sala para atender las necesidades del taller. Incluye: • Pantalla/ordenador/altavoces • 4 mesas para 5 o 6 personas • Mesas para piezas de LEGO® • Mesa para modelos compartidos
	Llegada		9:30 para empezar a las 10:00
5 minutos	Bienvenida y objetivos	Aclarar los objetivos del taller	Jim da la bienvenida Exponer el taller - mencionar los objetivos
40 minutos	Construcción de habilidades de LEGO® Serious Play®	Capacitar a los participantes con habilidades LEGO® Serious Play® 22 kits Window Luego, guárdelos y use el kit Identidad y paisajes.	1. Técnica: Construir una torre > Reflexión: Use su modelo para contar su historia Música: Snap out of it 2. Metáfora: ¡Explique esto! - usar diapositivas > Reflexión: Una pieza puede significar cualquier cosa. No se requieren construcciones elaboradas. ¡Escuche con sus ojos! 3. Narración: Construya un modelo de sus vacaciones soñadas después de un viaje de exportación > Reflexión: Confíe y piense con sus manos, cuente la historia del modelo, no la formada en su mente Música: Love Vibration

Una sesión de Construcción de habilidades estándar: consulte la parte 4 de este libro para leer instrucciones detalladas.

Notas de facilitación *narrativa*

Estas son las notas del taller. Descargue y modifique estas notas, utilizando SUS objetivos y los resultados deseados para modificar el plan según sus necesidades y, posteriormente desarrolle las preguntas y el proceso.

A medio camino de la Construcción de habilidades de LEGO® Serious Play®, durante la construcción de la torre con los kits Windows.

Se pidió a los participantes que usaran una placa base negra y solo piezas verdes y naranjas. Una selección limitada de piezas ayuda a ilustrar la enorme diferencia de soluciones posibles con solo unas cuantas piezas.

Descargue este plan de taller y plantilla en:

www.serious.global/downloads

Objetivo general
Crear un equipo más fuerte con una imagen clara de nuestra visión y con la comprensión de los comportamientos positivos y negativos necesarios para realizarla.

Tiempo	Sesión	Objetivo	Proceso/Notas
10 minutos	Visión de Manifesto	Compartir la visión de Manifesto para 2017 con el equipo	El director general, Jim, contará la visión a través del modelo de visión LEGO®  - Use la película y el modelo + Preguntas para aclarar dudas
5 minutos	Léxico	Definir el léxico que se va a usar en el taller Comportamientos, valores y principios rectores que ayudarán a Manifesto a sentirse como Manifesto y lograr la visión	Facilitador. Use proyector + diapositivas Comportamientos La forma en que uno actúa o se comporta, especialmente hacia los demás. Valores Creencias importantes y duraderas compartidas por los miembros de una cultura sobre lo que es bueno o malo y deseable o indeseable. Los valores tienen una gran influencia en el comportamiento y la actitud de una persona y sirven como directrices generales en todas las situaciones. Principios rectores sencillos Principios. Una verdad fundamental que sirve de base para un sistema de creencias o preceptos. Una regla destinada a regular el comportamiento o el pensamiento: por ejemplo, "el precepto legal de ser inocente hasta que se demuestre lo contrario" que guía a una organización a lo largo de su vida en cualquier circunstancia, independientemente de los cambios en sus objetivos, estrategias, tipo de trabajo o la alta dirección.

Notas de facilitación *narrativa*

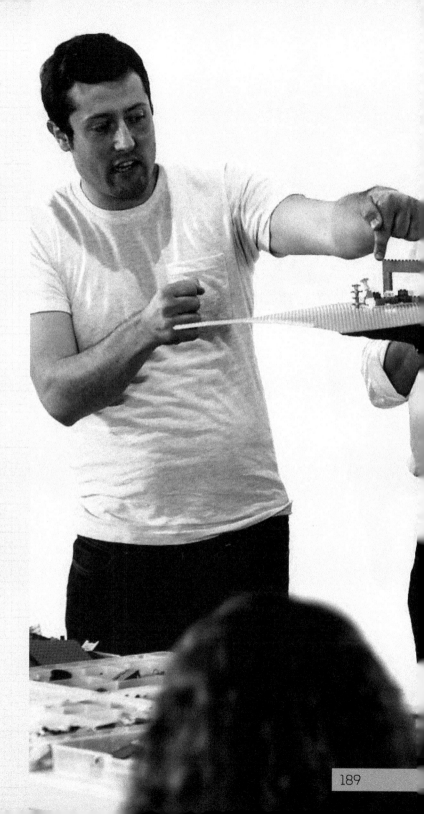

Jim Bowes describe la visión para Manifesto creada por los tres directores en un
taller unos días antes del taller con todo
el equipo.

Términos como "visión", "estrategia",
"valores", así como términos menos co-
nocidos como "principios rectores sencillos" significan cosas diferentes para
diferentes personas.

Por lo tanto, tiene sentido proporcionar a
los participantes una definición de los
términos. Es especialmente recomenda-
ble cuando se trata con un grupo
internacional.

En nuestro caso, proyectamos las defini-
ciones y respondimos preguntas de comprensión antes de que los participantes
construyeran modelos para esos
conceptos.

Objetivo general Crear un equipo más fuerte con una imagen clara de nuestra visión y con la comprensión de los comportamientos positivos y negativos necesarios para realizarla.			
Tiempo	Sesión	Objetivo	Proceso/Notas
25 minutos	Valores	Identificar los valores fundamentales de Manifesto	**Trabajo individual** Construir un modelo de un valor clave que Manifesto necesita para lograr su visión Compartir en dos grupos de unas 10 personas Los individuos comparten - votación - Trate de obtener 5 principales + 5 de apoyo
40 minutos	Comporta-mientos positivos	Identificar los compor-tamientos positivos clave que Manifesto necesita	La mitad del grupo en positivos o negativos **Individualmente:** Construir un modelo de un comportamiento positivo clave que creen que Manifesto necesita para lograr su visión Votación
40 minutos	Comporta-mientos negativos	Identificar los compor-tamientos negativos clave que Manifesto NO necesita	**Individualmente:** Construir un modelo de un comportamiento negativo clave que creen que Manifesto NO necesita Identifique un comportamiento negativo real que haya visto, experimentado (o realizado personal-mente) en la última semana o mes Votación

Notas de facilitación *narrativa*

Con grupos más grandes, use un proyector para los retos de construcción y un reloj de cuenta regresiva.

Esto asegura que todos puedan leer y comprender el reto, y les da una idea de cuánto tiempo tienen para la tarea.

En grupos grandes, no tendrá tiempo para que todas las personas compartan. Divídalos en grupos manejables y pida a cada grupo que vote para identificar las ideas más populares. Luego, comparta las ideas populares en el grupo grande.

Con 22 participantes, dividí la sala en dos grupos; la mitad trabajó en conductas positivas, la otra mitad en negativas. Invité a los participantes a distribuirse por sí mismos según su afinidad con el tema de construcción.

Todos los participantes votaron en ambos conjuntos de modelos, y tuvieron la oportunidad de sugerir comportamientos que pensaron que faltaban.

LEGO® SERIOUS PLAY® CERTIFIED FACILITATOR

ProMeet® @ProMeetings #legomeetup

Build a model of a core value Manifesto needs to achieve its vision

03 :00

Important and lasting beliefs or ideals shared by the members of a culture about what is good or bad and desirable or undesirable. Values have major influence on a person's behaviour and attitude and serve as broad guidelines in all situations.

LEGO® SERIOUS PLAY® CERTIFIED FACILITATOR

ProMeet® @ProMeetings #legomeetup

Build a model of a core positive behaviour you think Manifesto needs to achieve its vision

Build a model of a core negative behaviour you think Manifesto does not need

03 :00

The way in which one acts or conducts oneself, especially towards others

---

Descargue las diapositivas en:

www.serious.global/downloads

Durante el taller, optamos por compartir los valores como un grupo grande (no en 4 grupos pequeños según lo previsto).

Siempre facilite a las personas, no el proceso. Si su plan cuidadosamente preparado no es lo que el grupo necesita en ese momento, ajuste el proceso y facilite lo que el grupo necesita, no lo que ha planeado.

Participantes votando por los valores y comportamientos. Cada participante tiene tres piezas y tres votos.

Objetivo general Crear un equipo más fuerte con una imagen clara de nuestra visión y con la comprensión de los comportamientos positivos y negativos necesarios para realizarla.			
Tiempo	Sesión	Objetivo	Proceso/Notas
25 minutos	Principios rectores sencillos (PRS)	Identificar los principios rectores sencillos de Manifesto	Esto es importante. Usando todo lo dicho hasta ahora, construir un modelo para representar un PRS que puedan usar como guía. Un PRS NO es una norma. Por ejemplo, "Si / Entonces…" Un PRS NO es una sola palabra. Por ejemplo, "Confianza" Es más un "boid" (Boids es un programa de vida artificial, desarrollado por Craig Reynolds en 1986, que simula el comportamiento de las aves: https://en.wikipedia.org/wiki/Boids) que una regla. "Maniobrar para evitar el hacinamiento entre compañeros" es un buen PRS para un pájaro que vuela en bandadas. La clave para los PRS es ser menos específicos para permitir la libertad de reaccionar dependiendo del contexto, a cada situación. Tarea individual: Construir un modelo de un principio rector sencillo para Manifesto Compartir en el grupo grande - después, votación
5 minutos	Siguientes pasos	Aclarar que viene a continuación	Jim
60 minutos	Comida	Fotografiar los modelos	

Notas de facilitación *narrativa*

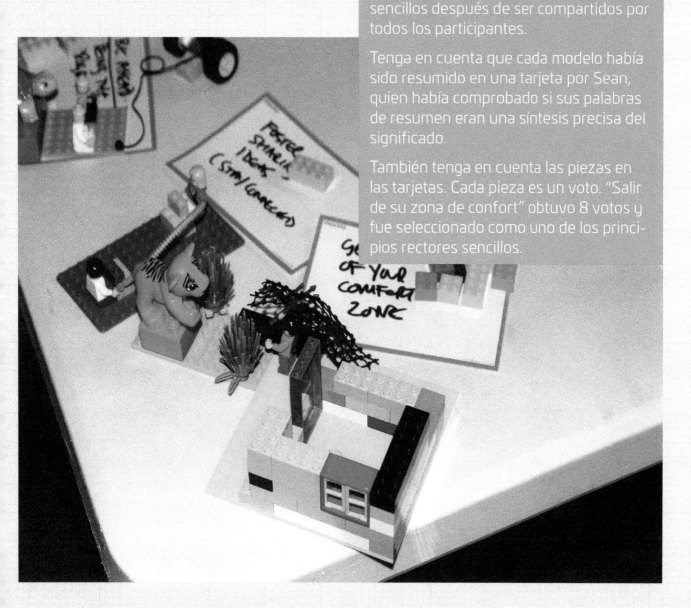

Esta foto muestra los principios rectores sencillos después de ser compartidos por todos los participantes.

Tenga en cuenta que cada modelo había sido resumido en una tarjeta por Sean, quien había comprobado si sus palabras de resumen eran una síntesis precisa del significado.

También tenga en cuenta las piezas en las tarjetas. Cada pieza es un voto. "Salir de su zona de confort" obtuvo 8 votos y fue seleccionado como uno de los principios rectores sencillos.

Frutos del taller

Principios rectores sencillos

Estos modelos fueron fotografiados en un rotafolio pegado a una pared. Un toque de posproducción crea resultados del taller que son útiles y memorables.

HELP PEOPLE TO SEE SOMETHING
DIFFERENT

GET OUT OF YOUR
COMFORT ZONE

Frutos del taller

Valores

Estas imágenes muestran los valores seleccionados por Manifesto Digital como aquellos que son fundamentales para lograr su visión y desarrollar la cultura que el equipo desea.

MANIFESTO VALUES

EFFICIENCY

THROUGH SIMPLICITY

MANIFESTO

MANIFESTO VALUES

COLLABORATE

TO CREATE GREAT WORK

MANIFESTO

Frutos del taller

Comportamientos positivos

Estas imágenes muestran los comportamientos positivos que el equipo quería alentar, reconocer y recompensar.

BE FREE TO CREATE

HAVE FUN

Resultados

Entonces, ¿qué pasó después? Este taller se llevó a cabo en agosto de 2015. Un año más tarde, el director general de Manifesto, Jim Bowes, describe lo que sucedió después del taller.

Las organizaciones en crecimiento avanzan y las cosas cambian. ¡A veces, rápidamente! Nuestro taller de valores y comportamientos se llevó a cabo durante un periodo de rápida expansión y, unos meses después del taller, nos habíamos fusionado con otra agencia creativa.

En diciembre de 2015, nuestro equipo había incorporado a 12 personas más, lo que significaba que un tercio del nuevo equipo no había participado en la definición de nuestros comportamientos y valores. Además, necesitábamos una comprensión nueva y compartida para la nueva agencia que surgió de la fusión.

Sean sugirió que tomáramos los resultados iniciales e hiciéramos una selección de valores para la marca. Con el nuevo equipo desarrollamos un nuevo conjunto de valores:

1. **Colaboración:** Tener iniciativa y compartir el conocimiento; no esperar a que alguien lo pida.

2. **Innovación:** Ayudar a la gente a ver algo diferente. Esforzarnos por la eficiencia a través de la sencillez.

3. **Excelencia:** Comprometernos a aprender siempre cosas nuevas y usar ese conocimiento para impulsar un cambio positivo.

4. **Cambio:** Nunca se quede quieto. Mantenga los ojos abiertos y busque oportunidades antes de que surjan. No tenga miedo de preguntar, póngase a prueba a usted mismo y a los demás.

Si se comparan con los resultados del taller de LEGO, se puede ver el ADN de las ideas del taller de LEGO® Serious Play® en los nuevos valores de nuestra marca.

Nuevos valores para la marca

Estos nuevos valores de la marca son la esencia de todo lo que hacemos. Los usamos como parte de nuestro manual de inducción para el personal nuevo (véase la página opuesta) y los usamos para comunicar todo lo que hacemos en nuestra página web.

El taller de LEGO® Serious Play® nos ayudó a desarrollar nuestro nuevo servicio y una marca pública más creativa.

El taller de LEGO® se ha convertido en una parte importante de la historia de nuestra compañía, en uno de los eventos clave que dieron forma a quienes somos hoy.

Jim Bowes
London
Octubre de 2016

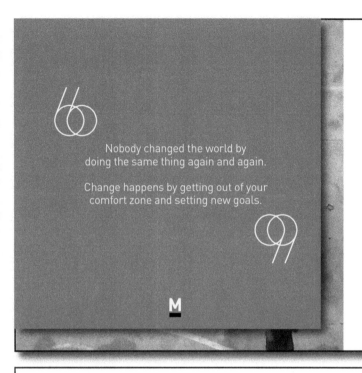

Nobody changed the world by
doing the same thing again and again.

Change happens by getting out of your
comfort zone and setting new goals.

HEY MARK,
WELCOME!
WE'RE REALLY
EXCITED TO HAVE A NEW
CREATIVE DIRECTOR
ON BOARD!

You've joined a brilliant team of creatives and technologists
who just love to collaborate to change the world for the better.
We cant wait to see how you'll help us achieve our goals.

**We have four values that guide what we stand for.
Let us introduce them to you…**

OUR BRAND

We're an agency with a brave name and a
bold, brave brand to match. Our brand is how
we present ourselves to the world and how
Manifesto is perceived; the thread that runs
through everything we do.

From how we talk to our clients to the products we develop for them, our brand
reflects our culture and values, and is present in the way we interact with anyone
on behalf of Manifesto.

Our tone of voice is authoritative without being condescending; fun without being
flippant; knowledgeable without being pompous.

You will have access to our full brand guidelines which set out who we are, how we
talk and what we look like. Become familiar with them to keep our communications
consistent and our brand working as hard as it can for us all.

Parte 6

Consejos prácticos

El objetivo de este capítulo es ofrecerle consejos prácticos para ayudarle a comprender cómo se realizan los talleres de LEGO® Serious Play®.

Aprender de compañeros respetados

Invitamos a respetados facilitadores de LEGO® Serious Play® de todo el mundo a compartir sus historias para enfatizar las ideas contenidas en este libro.

Camilla Nørgaard Jensen
Estados Unidos/Dinamarca

Dieter Reuther
Estados Unidos

Kristina Nyzell
Suecia

Mercedes Hoss
Alemania

Kim Pong Lim
Singapur

Patrizia Bertini
Italia

Eli de Friend
Suiza

Maria Stashenko
Rusia

Oliver Knapman
China

Camilla Nørgaard Jensen

🐦 @CamillaJensen

Especialidades:
Problemas complejos
Comunicación de ciencias
Pensamiento de diseño

Erudita de Serious Play

Uso LEGO® Serious Play® para facilitar la comunicación interdisciplinaria sobre problemas complejos. Para mi investigación de doctorado, apliqué LEGO® Serious Play® para impartir un plan de estudios de nanoética en la Universidad Estatal de Arizona.

Durante la clase, mis alumnos usaron LEGO® Serious Play® para compartir sus conocimientos relacionados con las implicaciones y aplicaciones de los nanomateriales. Además de una mayor comprensión de los temas, los estudiantes declararon que el uso de LEGO® Serious Play® fomentó la creatividad y la comunicación, debido a la naturaleza lúdica y porque "se ponen físicamente las ideas sobre la mesa".

Incluso cuando sufrían por combinar sus perspectivas diferentes en un modelo compartido, los equipos describieron estos desafíos como una "frustración divertida" que los llevó a ser creativos y a pensar en historias que transmitían efectivamente sus consideraciones multifacéticas. Además, sintieron que conocían a sus compañeros en esta clase mejor que a otros con los que habían pasado un semestre completo en otras clases.

Mi aprendizaje de esta experiencia

Los participantes deben desarrollar habilidades para adquirir fluidez en la expresión a través de modelos y metáforas, especialmente en temas complejos. Dediqué el primero de los cuatro talleres a Construcción de habilidades.

Los grupos grandes deben subdividirse. Dividí a mis veinte estudiantes en cuatro equipos de cinco participantes. Con fines de investigación, se asignaron observadores etnográficos a cada mesa, pero también sirvieron como mi extensión, aclarando indicaciones y señalando cuando su equipo estaba listo para seguir adelante.

LEGO® está diseñado para hacer ruido cuando se mezclan las piezas. Es parte del atractivo, pero en una sala grande puede interferir con la conversación. Busque un lugar con buena acústica y use manteles para amortiguar el ruido cuando trabaje con más de una mesa a la vez.

Cuando termine su taller con una reflexión, los participantes hacen un inventario mental de la experiencia. Una forma de propiciarlo es pedirles que escriban qué les "cuadró" (#square), tres cosas que destacan (#triangle) y algo a lo que todavía le están "dando vueltas" (#circle).

Yo uso Twitter para esto. Permite un intercambio público de reflexiones en beneficio de todos, si algo no está claro para una persona, probablemente tampoco lo esté para otras. En talleres posteriores, las reflexiones escritas brindan continuidad; por ejemplo, al comienzo del próximo taller, aclararé lo que dijeron que aún les estaba "dando vueltas".

Eli de Friend

in defriend

Especialidades:
Desarrollo de liderazgo
Coaching ejecutivo
Estrategia y aprendizaje

El experimentado facilitador de LEGO®
Serious Play® Eli de Friend comparte diez
sabias sugerencias.

Dominar cómo fluir

Sugerencias para la preparación:

1. Conozca los perfiles de sus participantes (nivel
educativo, experiencia profesional, psicología y
preferencias, antecedentes, etc.)

2. Identificar al patrocinador "real" del taller. Qué
tipos de relaciones vinculan al patrocinador y a los
participantes (jerárquica, matriz, interés mutuo,
etc.). Tenga claro quién es el cliente.

3. Establecer los objetivos "reales" del taller.

4. Siempre pida más tiempo del que el cliente
ofrece en primer lugar, incluso si esto requiere
ofrecer un tiempo extra. Hasta un límite, cuanto
más tiempo tengan los participantes con las piezas
y compartan las ideas que les interesan, más
satisfechos estarán.

5. Adapte la Construcción de habilidades para
que se ajuste al perfil del participante y al tema
del taller.

Sugerencias para la facilitación:

1. Use instrucciones tanto visuales como orales
para anunciar retos, especialmente, si el facilitador
o los participantes no trabajan en su idioma nativo.

2. Compruebe la comprensión de los participantes
de los retos e invite a un participante a parafrasear
el reto a los demás.

3. Conozca su hoja de ruta de la facilitación y las
limitaciones de tiempo muy bien. Ocasionalmente,
los participantes están tan involucrados en su
conversación que no se detendrán e insistirán en
que es vital que continúen. Debe saber qué podría
desechar en el futuro y evaluar si las
conversaciones actuales son más importantes
para el objetivo principal que los pasos futuros.
Aquí es donde es importante saber realmente
quién es el patrocinador y cuáles son los objetivos.

4. Respetar las normas de etiqueta de LEGO®
Serious Play® no le impide utilizar buen humor,
teatro o acompañamiento audiovisual. Cuanto más
multisensorial, mejor.

5. Si bien mezclar diversos materiales puede ser
útil desde una perspectiva conceptual, y los
materiales que se mezclan pueden ser divertidos
desde una perspectiva de la participación, nunca
mezcle plastilina con ningún tipo con piezas de
LEGO®, por su propio bien. NUNCA. Todavía
estamos quitando plastilina de algunas de
nuestras piezas 7 años después de que se pegara
sin que nos diéramos cuenta.

Maria Shashenko

 fb.com/stashenko

Especialidades:
Pensamiento de diseño
Diseño centrado en las
personas
Desarrollo de innovación

3 casos cortos, 9 grandes beneficios

LEGO® Serious Play® es una excelente herramienta para visualizar y modelar conceptos como estrategia, ambiciones, objetivos, plan de negocios y visión. A continuación encontrará tres aplicaciones de ejemplo y los beneficios que aportó LEGO® Serious Play® en cada caso.

Caso 1. Planificación de un presupuesto. Cliente: SAP CIS

Objetivo: Crear un nuevo presupuesto acorde a las prioridades de innovación y la visión de futuro.

LEGO® Serious Play® ayudó a:

- Avivar las prácticas rutinarias de planificación de presupuestos mediante la colaboración en lugar del trabajo individual
- Liberar las mentes creativas de los participantes para permitir una visión nueva e innovadora de las áreas de gasto
- Reducir el tiempo necesario para el presupuesto de cada jefe de departamento

Caso 2. Desarrollo de un programa educativo. Cliente: SAP CIS Education

Objetivo: Crear nuevos programas educativos para empleados en empresas que aplican las

decisiones de automatización SAP Enterprise para fomentar la eficacia y la eficiencia del aprendizaje.

LEGO® Serious Play® ayudó a:

- Visualizar los obstáculos existentes y los problemas complejos en la educación de los empleados.
- Desarrollar ideas innovadoras a través del trabajo colaborativo.
- Crear modelos simples y fáciles de entender, creados para mostrar "nuevos procesos educativos", "nuevos roles del educador" y "programa educativo". Estos modelos facilitaron la comunicación, mejoraron las ideas y sugirieron una implementación más fácil.

Caso 3. Configuración de la oficina de gestión de proyectos. Cliente: Aeroflot

Objetivo: Integrar los procesos de TI y de negocio para una colaboración más efectiva.

LEGO® Serious Play® ayudó a:

- Explorar y comunicar problemas empresariales complicados.
- Romper la barrera entre los departamentos de TI y de negocios mediante la representación de oportunidades de colaboración que se solían pasar por alto.
- Crear un nuevo modelo de oficina que sea más sostenible y eficaz.

Espero que estas breves historias muestren que LEGO® Serious Play® tiene pocos límites en la aplicación a cualquier sector o área de desarrollo empresarial, y que muestren que aporta un valor real en el fomento de la innovación, el pensamiento creativo y la colaboración en equipo.

Dieter Reuther

🐦 @DieterReuther

Especialidades:
Innovación
Pensamiento de diseño
Empoderamiento
de equipos

Mi camino, pasión y compromiso con LEGO® Serious Play.

Como ingeniero creo en el poder de las herramientas y procesos.

Para cada problema, los ingenieros pueden encontrar una solución tecnológica. Con esta mentalidad, implementé infinitas herramientas, sistemas y procesos para fomentar la creatividad y, al mismo tiempo, respaldar el aspecto empresarial del trabajo de proyectos creativos durante mis 13 años en operaciones de diseño en una de las principales consultoras de innovación y diseño de Estados Unido.

Sin embargo, estos enfoques basados en el proceso y en la tecnología solían funcionar por poco tiempo o eran obviados por el personal creativo después de un éxito inicial. La lucha constante por mantener un cierto nivel de caos creativo frente a demasiada estructura parecía ser el problema.

Tenía el presentimiento de que todos los esfuerzos para lanzar procesos y tecnología a nuestros equipos de proyectos serían una batalla perdida. Así que inicié un proyecto de Six Sigma para entender por qué algunos de nuestros proyectos tuvieron éxito y otros no.

¿Por qué nuestros clientes se enamoraron del resultado de algunos de nuestro trabajos realizados a tiempo y dentro de su presupuesto? y ¿por qué hubo que rehacer algunos proyectos, echar horas extra, tuvieron pérdidas económicas y frustraron a los empleados?

El programa Six Sigma analizó 60 proyectos y examinó el desempeño de sus programas, el cumplimiento del presupuesto y las tasas de retorno del cliente para confirmar o ignorar las suposiciones iniciales: ¿fueron determinantes el tamaño del proyecto, el tamaño del cliente, la ubicación del cliente o tal vez el nivel de innovación?

Nada demostró tener un impacto significativo.

El factor responsable del resultado de nuestros proyectos era la vinculación del líder del proyecto con su equipo y los miembros individuales del mismo. Algunas combinaciones funcionaron bien y otras simplemente interrumpieron el flujo de proyectos y llevaron al fracaso. El aspecto humano de nuestros proyectos los hizo triunfar o fracasar.

Esta verdad de que el aspecto humano del trabajo en proyectos pueda tener un papel tan poderoso me llevó a indagar el poder de LEGO® Serious Play® para ayudar a los equipos a tener más éxito.

Este método de facilitación basado en el juego ayuda a descubrir lo que está sucediendo en el espacio entre personas y a sentar las bases para el éxito del proyecto. Me encanta cuando las personas olvidan sus rutinas diarias, se sumergen en un entorno seguro e interactúan en un campo de juego igualitario para redescubrir su potencial creativo y resolver problemas complejos.

Kim Pong Lim

🔗 limkimpong

Especialidades:
Creación de cultura
Coaching de líderes
Compromiso de equipos

Construir una cultura es la esencia de todo lo que hacemos en Asia.

Usamos LEGO® Serious Play® para ayudar a nuestros clientes a articular, respirar y vivir su cultura, involucrar a su gente y permitir que todos sean más productivos.

Muchas veces hemos visto que las culturas empresariales anticuadas se resisten y frustran los mejores planes, estrategias e ideas. Muchas organizaciones y equipos desean sinceramente el crecimiento, la innovación y el cambio en sus negocios y, sin embargo, muchos de ellos se resisten a las personas, formas e ideas que podrían crear los nuevos crecimientos, innovaciones y cambios deseados.

Lo que a menudo se interpone en el camino son las incapacidades para articular lo que tenemos en mente, escuchar lo que otros dicen o encontrar la manera de alcanzar objetivos compartidos.

LEGO® Serious Play® abre camino y elimina esas incapacidades. Facilita conversaciones enriquecedoras y accionables. Les permite enfrentarse a las complejas realidades de su trabajo y sus relaciones en un entorno seguro, les ayuda a describir los problemas difíciles con mayor detalle y los ayuda a centrarse y crear resultados que de otra forma hubieran tardado días o meses en conseguir.

El método es tanto el arte como la ciencia de facilitar conversaciones verdaderamente enriquecedoras y serias entre las personas. Nos encanta usarlo para que las personas puedan entender y ser entendidas, para crear la apertura necesaria para poner a prueba y ser puestos a prueba, y para inculcar la creencia de que la creatividad no es el dominio de algunos, sino el dominio de todos.

Hasta ahora, todas nuestras sesiones se han hecho fuera de Asia y destacan dos cosas: 1) Los asiáticos son generalmente menos abiertos que sus homólogos occidentales; 2) Mostrar respeto por nuestros adultos mayores y líderes se valora mucho. Por lo tanto, "dar la cara" es una expectativa antigua y decir lo que uno piensa en un entorno donde hay otras personas con más antigüedad que usted, no.

En este espacio, LEGO® Serious Play® tiene su papel más importante para nivelar, posibilitar y fomentar conversaciones reales y necesarias. Extrae los pensamientos tácitos y los analiza con dignidad y respeto para todos los que están alrededor de la mesa.

Finalmente, cinco de mis propios "principios rectores" sobre la conducción de la facilitación:

1. Garantizar que el juego sea sencillo y no tenga complicaciones.
2. Ayudar a los clientes a aprender y no solo construir.
3. Garantizar que no haya miedo al silencio. Están pensando.
4. Amar el proceso. Confiar en los modelos.
5. Mantenerlo vivo.

Mercedes Hoss

🐦 @offtimeeu

Especialidades:
Modelado empresarial
Futuro del trabajo
Inteligencia cultural

Convertí mi juguete favorito cuando era niña en una herramienta clave para facilitar talleres fértiles y gratificantes

Me encontré con LEGO® Serious Play® por casualidad. Usar LEGO® para resolver problemas y para ayudar a identificar las cosas que ya sabemos, pero que no sabemos que sabemos al principio sonaba demasiado bueno para ser verdad.

"Es una técnica sin contenido", decía Robert Rasmussen al comienzo de nuestra formación para facilitadores. "El facilitador hace una pregunta y, luego, los participantes construyen la respuesta a esa pregunta con piezas de LEGO®, usándolos metafóricamente para añadir significado".

Después de haber trabajado con Tim Clark para organizar y facilitar conjuntamente los talleres de Business Model You® en Europa, comencé a combinar las dos metodologías.

Un modelo de negocio describe el proceso y la lógica detrás de cómo (y en algunos casos, por qué) una organización crea, proporciona y captura valor. El modelo de negocios Canvas[8] es una herramienta estratégica que le permite describir, diseñar, poner

a prueba, inventar y pivotar su modelo de negocio. Al pensar en sí mismo como una organización de una sola persona, también puede utilizar esta herramienta para definir y modificar su propio modelo de negocio personal. Puede ayudarle a aprovechar sus habilidades y aptitudes, a crecer personalmente y como profesional, y a revelar nuevas posibilidades laborales y vitales más satisfactorias.

Los modelos de negocios personales tienen que ver con quiénes somos y cómo nos ven las personas, así como con el potencial aún no explotado en nosotros. Por lo tanto, crearlos requiere tanto un autoconocimiento inicial como una mayor autorreflexión. El modelo de negocios Canvas generalmente se completa con notas adhesivas para registrar nuestros aprendizajes. Esto nos ayuda tanto a centrarnos como a entender mejor qué es clave en el por qué, qué y cómo hacemos lo que hacemos, y cómo dar el siguiente paso en nuestra carrera.

Creo que agregar una tercera dimensión utilizando modelos LEGO® para definir áreas más intangibles podría ser útil para ayudar a generar ideas o una conexión más profunda con NUESTRO lado emocional, y para entender y definir un enfoque convincente y una propuesta de valor congruente basada en una identidad profesional única.

Tomarse el tiempo de trabajar conscientemente en su futuro profesional puede ser un proceso agotador. Incorporar LEGO® a este proceso ayuda a aliviar la ansiedad, a poner una sonrisa en la cara, a crear nuevos niveles de confianza y colaboración, y le permite sentir y ver momentos reveladores.

8. https://strategyzer.com/

I help ideas catch fire.

Patrizia Bertini

🐦 @legoviews

Especialidades:
Innovación
Creatividad y cocreación
Pensamiento sistémico

Más allá de las mentes de los demás

¿Se imagina cuántas historias incorporan los modelos que construyen los participantes? ¿Alguna vez ha tenido la tentación de ahondar más y obtener más historias de los modelos?

Lo hice y quería explorar el universo de significados e historias ocultos en esos modelos y aprender más sobre cómo las personas ven el mundo. Así que me pregunté qué pasaría si utilizara el enfoque LEGO® Serious Play® para entrevistas individuales.

La primera pregunta que tuve que responder fue: ¿qué piezas puedo usar? El kit Windows Exploration parecía un buen punto de partida: lo suficientemente pequeño, pero con suficientes elementos metafóricos como para impulsar la narración de historias. Luego, encontré voluntarios durante el movimiento Occupy London.

Como experiodista, siempre sentí que el juego de preguntas y respuestas era inadecuado para ver realmente el mundo a través de los ojos de las personas: los periodistas con sus preguntas a menudo funcionan como un filtro.

¿LEGO® Serious Play® cambiaría esto? Lo hizo, de hecho mis primeras entrevistas fueron una revelación.

Les pedí a los participantes que construyeran el mundo tal como lo veían, manteniendo las preguntas abiertas, imparciales y amplias para que su punto de vista surgiera espontáneamente. Actué como una partera socrática, haciendo preguntas sobre sus modelos, jugando con ellos, moviendo y quitando piezas, desafiando los puntos de vista de una manera lúdica y no amenazadora. No fui yo quien dirigió la entrevista, sino las piezas. Fui cuidadosa al elaborar las preguntas, evitando dirigir las respuestas, y traté de asegurarme de que los participantes no estaban sesgados por mi punto de vista o expectativas.

Y los participantes compartieron sus mundos internos y sus pensamientos con el uso de las piezas. Las piezas actuaron como un potente canal e hicieron posible que el universo de las personas se convirtiera en historias y narraciones.

Desde entonces, he aplicado este enfoque universal en innumerables casos: lo he probado en contextos políticos como Palestina e Israel y he explorado conceptos complejos como el racismo. He hablado con artistas, activistas y empresarios.

El resultado es siempre el mismo: puedo ver el mundo a través de los ojos de las personas, a través de sus historias y palabras, y mi función es simplemente guiarlos gracias a sus modelos para que me abran su universo en un viaje que construimos juntos. Lea las transcripciones de los entrevistados en: legoviews.com/category/occupy/

Oliver Knapman

🐦 @Oliver_LSP

Especialidades:
Identidad de marca
Gestión del cambio
Mapeo de procesos

¿Una lección útil?

Esta es una historia sobre un taller que creó un equipo que se entendió a sí mismo, a sus colegas y su trabajo mejor y también dejó a una directora de Recursos Humanos muy decepcionada.

El cliente era la directora de un departamento de Compras en una gran empresa multinacional. Su equipo estaba experimentando un gran cambio estructural, que estaba haciendo la transición para pasar de varias unidades de negocios repartidas por todo el mundo a un sistema unificado.

Nos ocupamos de preparar la sesión cuidadosamente. Gestionamos las expectativas sobre el proceso y el método, y utilizamos LEGO® en reuniones previas para reunir los requisitos y compartir el entendimiento de lo que íbamos a hacer.

Acordamos que la sesión iba a ayudar al equipo de administración a repensar su posición dentro de este sistema y establecer una nueva forma de trabajar que los llevaría adelante. Exactamente el tipo de situación en la que un taller de LEGO® Serious Play® puede tener un impacto positivo.

Diseñamos un taller para identificar los "principios rectores" y "el espíritu con el que se hacen las cosas".

Sin embargo, durante el taller quedó claro que la directora de Recursos Humanos estaba cada vez más frustrada con su percepción de "la falta de resultados concretos".

Resultó que el cliente quería que añadiéramos dos listas a las descripciones de puestos de trabajo de los participantes: buenos y malos comportamientos. En su lugar, estábamos facilitando un taller para destacar los sentimientos, los valores y las maneras de pensar.

Extremadamente útil para el equipo, pero no era lo que el cliente quería.

Aprendimos unas cuantas algunas lecciones de esta experiencia.

Es vital tener claro lo que el cliente quiere obtener de la experiencia. Debe saber que usted no tomará decisiones por ellos. Los clientes corporativos pueden estar acostumbrados a tratar con consultores: personas que interpretarán sus problemas y luego les venderán una solución.

Lo bueno de LEGO® Serious Play® es que subvierte completamente ese proceso, pero debe estar preparado para abordar la brecha que crea en las expectativas.

Antes de comenzar, asegúrese de tener un completo entendimiento mutuo de los objetivos y se ahorrará una experiencia bastante complicada.

Kristina Nyzell

🐦 @disruptiveplay

Especialidades:
Estrategia e innovación
Aprendizaje sigiloso
Socia de diálogo

Juegue con LEGO® Serious Play®

Sigo disfrutando de las mismas cuatro cosas de las que disfrutaba cuando era niña. Disfruto practicando deportes, tocando música, usando material creativo para construir algo para resolver problemas y creando comunidades con las que comparto mis pasiones y alegrías en la vida.

La diferencia entre el juego de niños y el juego serio puede reducirse a unas pocas cosas: el tipo de preguntas que nos hacemos, el tamaño, el alcance, el riesgo y el impacto del juego, así como la complejidad de las reglas del juego en sí. Ceteris Paribus (todo lo demás permanece igual).

El proceso del juego en sí sigue siendo el mismo, independientemente del tipo de juego que hagamos.

Juego de herramientas (aprendemos a dominar las piezas y el sistema de construcción), juego imaginario y metafórico (imaginamos que las piezas son más que piezas y usamos metáforas para expresar lo que aún no comprendemos o entendemos), juego de reglas y juego de roles (comenzamos a usar las piezas y el sistema de construcción junto con otra persona y nos turnamos para jugar y aprender unos de otros) y

juego en grupo de colaboración (las piezas se usan dentro de una comunidad para crear conjuntamente, colaborar e innovar conjuntamente para resolver problemas delicados).

Tanto espacio para jugar, por lo que mi consejo para las personas que trabajan con LEGO® Serious Play® es:

1. Cree su propia comunidad de formadores, mentores, coaches, clientes-embajadores, antiguos participantes del taller, críticos y colaboradores. Trabajen juntos para crear talleres que tengan impacto y que ayuden a resolver los desafíos que enfrenta la humanidad actualmente. Piense en grande y piense creativamente. LEGO® Serious Play® es una herramienta inteligente que tiene el poder de desbloquear desafíos a nivel sistémico.

2. Colabore, cree conjuntamente e innove conjuntamente para aumentar las oportunidades de ventas, desarrolle propuestas conjuntamente y facilite conjuntamente los programas LEGO® Serious Play®. Comparta las recompensas, reflexione sobre lo que salió bien y no tan bien, y aprenda y comparta continuamente el aprendizaje con su comunidad de confianza. No tenga miedo de pedir ayuda.

3. Desarrolle la metodología jugando con ella. Combínela con otras metodologías de aprendizaje basadas en juegos y disciplinas académicas. No tenga miedo de experimentar, ya que puede tener la idea de llevar todo el sistema al siguiente nivel.

Para mí, el espíritu de LEGO® Serious Play® es comunidad, colaboración y juego.

Historia de una pasión

Mireia Montané-Balagué nos cuenta sus aprendizajes descubriendo, experimentando y trabajando con LEGO® Serious Play®

LEGO® Serious Play® en la práctica

Mireia Montané-Balagué
Cataluña, España

Mireia, "Mia", Montané acompaña a estudiantes y profesionales en su crecimiento personal y profesional desde las disciplinas del coaching, formación y educación, destacando en su ejercicio el uso de LEGO® Serious Play® como herramienta poderosa de autoconocimiento y desarrollo.

Mireia Montané

in mireiamontane

Especialidades:
Futuro del trabajo
Cambio y personas
Comunicación y
liderazgo

Si LEGO® Serious Play® es pensar con las manos y escuchar con los ojos, en mi experiencia, también es aprender desde la certeza y confianza en uno mismo

Una y otra vez, mis experiencias facilitando talleres con LEGO® Serious Play® me demuestran que otra de las grandes propiedades del método es su capacidad de validar la individualidad de las personas, de valorar que las diferencias solamente nos enriquecen y de crear una gran satisfacción con uno mismo. Y esto, para una coach como yo, fue un gran descubrimiento.

Utilizar LEGO® Serious Play® en cualquier taller aporta, entre otras cosas, no solamente soluciones, ideas, estrategias, visión, valores, trabajo en equipo y una nueva forma de conocernos, sino que LEGO® Serious Play® también revaloriza a la persona, a todas, generando más confianza y seguridad en uno mismo. En el repetido proceso de aceptar un reto, construir, compartir y reflexionar, el participante se va viendo escuchado y preguntado desde el respeto, desde el interés único de ser entendido. Es decir, escuchado y preguntado sin ser juzgado

que es lo que nos permite también escucharnos y cuestionarnos sin autoevaluaciones negativas. Cada persona se sabe escuchada y valorada desde su verdad, desde su idiosincrasia, repetidamente. ¿Consecuencia? ¡Salimos complacidos con nosotros mismos, con quiénes somos y con lo que somos capaces de aportar!

Y esta es una de las muchas razones por las que me "enamoré" de LEGO® Serious Play®.

Historia de una pasión

El "flechazo" tuvo lugar en diciembre de 2016 gracias a un taller de introducción ofrecido al cuerpo docente de la escuela de negocios en la que imparto clases, formación y facilitación de sesiones de adquisición de habilidades directivas. Ese día, como he dicho, me enamoré de LEGO® Serious Play®; 1) de su practicidad, 2) de descubrir, aprender y crear haciendo, 3) de su versatilidad y aplicación a todo tipo de problemáticas y públicos, y 4) de la facilidad de su uso cuando se disponen de los materiales y recursos básicos: el entorno adecuado (espacios y mesas) los y kits de piezas de LEGO® para Serious Play®.

Desde entonces, busqué la oportunidad para certificarme y así es como conocí a los autores de este libro, realicé con ellos la inmersión en la metodología específica de la facilitación con LEGO® Serious Play® y aprendí de sus experiencias y sus prácticas recomendaciones, pasando del flechazo a la pasión sostenida.

Kommunikation

Uso académico de LEGO® Serious Play®

La pasión sostenida por LEGO® Serious Play® llegó sobre todo al darme cuenta de la variedad de situaciones y públicos con los que se puede utilizar.

Desde perfectos desconocidos reunidos con el objetivo de aprender más sobre "XYZ", a colaboradores de la misma empresa trabajando en la definición de los valores y comportamientos, pasando por un grupo de alumnos de máster que quieren obtener mejores resultados en sus proyectos finales, todo es posible con LEGO® Serious Play®.

Y ha sido en esta faceta académica, apoyando la mejora de los proyectos elaborados por los alumnos, en la que he encontrado un uso particularmente exitoso del método.

Tal y como nos relatan los autores en la página 16, LEGO® Serious Play® nació de la unión del concepto y el proceso de "juego serio" creado por los profesores del Instituto para el Desarrollo Gerencial (IMD), Johan Roos y Bart Victor, con la empresa LEGO®. Roos y Victor presentaron sus primeras ideas en un artículo publicado por IMD en 1998 titulado En busca de estrategias originales: juego en serio? y a partir del trabajo en IMD y junto con ellos, los directivos de LEGO® iniciaron el proceso de desarrollo y comercialización de productos de Serious Play al mercado. La primera "aplicación LEGO® Serious Play®" se llamó Estrategia en Tiempo Real.

En sus inicios, LEGO® Serious Play® fue desarrollado como un método de consultoría para empresas por profesionales de la formación de directivos. Y, aunque LEGO® Serious Play® sigue siendo una metodología más conocida en el mundo empresarial, su vertiente académica no ha dejado nunca de estar presente. Como muestra, Marko Rillo, coautor y (también como una servidora) profesor en una escuela de negocios, lleva más de 13 años utilizándolo con sus alumnos de máster de Administración de Empresas.

Uso de LEGO® Serious Play® en proyectos

Tras más de 10 años de supervisión de proyectos, tenía claro que muchos de ellos no llegan a ser tan buenos como pudieran por dos motivos básicos: 1) conflictos entre los miembros del equipo de proyecto, y 2) falta de previsión de los posibles obstáculos con los que se podrían encontrar, al contar con poco tiempo para hacerles frente con éxito.

Yo he comprobado que LEGO® Serious Play® es una gran metodología para ayudar a los alumnos a trabajar con muchísima más eficiencia sus proyectos de fin de máster. No importa el tipo de proyecto. Como ejemplo, mis experiencias ayudando a los alumnos del máster en Finanzas a concretar objetivos del proyecto, descubrir obstáculos posibles y fortalezas en el equipo justo al inicio del proyecto permitieron a los alumnos describir, crear y desafiar sus puntos de vista, definir un solo objetivo común aceptado por todos, y visionar los posibles impedimentos para lograrlo.

LEGO® Serious Play® en España

Aunque mis experiencias son puramente subjetivas, en los últimos años he podido observar un aumento significativo en el interés por el método en España. Y el interés se expande a más y más clientes (empresas) llegando especialmente en las empresas de gran tamaño y multinacionales.

Además, tengo la percepción de que son las mismas empresas las que están creando la demanda de talleres y sesiones con LEGO® Serious Play®.

Esta demanda, con frecuencia, está generada por el hecho de que las grandes empresas son mayormente divisiones de empresas multinacionales cuyos directivos han entrado en contacto con LEGO® Serious Play® en otros países europeos. Así, son las empresas las que piden y quieren realizar talleres de gran valor estratégico y eficacia con el método.

Por otro lado, y a pesar de la presencia del método en algunas escuelas de negocio, el método sigue teniendo "apellido de consultoría". Es decir, que desde las empresas de consultoría se canalizan la mayoría de ofertas de talleres con la metodología LEGO® Serious Play®.

En estos talleres, compaginar LEGO® Serious Play® con, por ejemplo, los conceptos de tipos de aprendizaje de Kolb, y los perfiles de respuesta DISC®, permiten varios niveles de reflexión que sin duda clarifican posibles situaciones, resuelven conflictos, refuerzan a los equipos, aportan sentido de pertenencia, visión conjunta y compartida, coordinan estrategias y los esfuerzos de cada miembro del equipo, y finalmente, producen mejores proyectos.

En el ámbito más académico, también hay profesores (¡mayormente de escuelas de negocios!) utilizando el método para trabajar desde aspectos de producto y Customer eXperience (en Harvard), a aspectos de desarrollo de marca personal y habilidades de liderazgo.

El uso de LEGO® Serious Play® en el ámbito académico llegó para no ser flor de un día: no es un amor pasajero. Llegó de la práctica en el mundo empresarial para quedarse.

No dude en contactar conmigo si desea más información.

Strategie

Más consejos prácticos

Cómo gestionar el tiempo

Facilitar a las personas, no el proceso

La facilitación de reuniones y talleres no se trata de dirigir un proceso. Para un libro que ha dedicado muchas páginas a describir y narrar planes, podría parecer que un proceso planificado es primordial.

Pero, de hecho, la buena facilitación se trata de **facilitar a las personas,** no el proceso.

Las notas de facilitación y los planes del taller deben usarse como una guía, no como un mapa fijo. Los facilitadores con experiencia preparan planes detallados y están preparados para abandonar o cambiar el plan en un instante, si el proceso ya no satisface las necesidades del grupo en ese momento.

Use las notas de facilitación como guía.

A veces, algunas cosas que espera que sean cortas requieren más tiempo, a veces las actividades planificadas más largas se completan de manera notablemente rápida.

A menudo escribimos la hora real de inicio y finalización en una copia impresa de las notas de facilitación, y ajustamos los tiempos a medida que avanzan los talleres para asegurarnos de que no lleguemos al final del taller con solo la mitad del plan completado. Perderá y ganará algo de tiempo a medida que se desarrolla el taller.

¡Cortar el "rollo"!

"Enrollarse". Verbo. Hablar o escribir mucho sin dar ninguna información útil o respuestas claras.

Es fácil perder el tiempo con "rollos". Especialmente con los no relacionados con el tema. Como los facilitadores no están involucrados en el contenido, es más fácil para ellos prestar atención a los temas que se desvían y preguntar si ese es el momento para tratar ese tema no relacionado con el taller.

Como de vez en cuando algunas personas tardan mucho tiempo en contar la historia de su modelo, a veces usamos notas adhesivas o tarjetas para pedirles que resuman sus ideas. Con un rotulador solo puede escribir 20 palabras en una tarjeta. Pídales que usen la regla de "solo una tarjeta".

PROCESS

THE ONE GRIDCARD RULE

YOU CAN ONLY READ OUT THE WORDS THAT ARE WRITTEN ON YOUR CARD TO EXPLAIN CLEARLY WHAT YOU MEAN.

Cuando a los participantes solo se les permite leer las palabras escritas en las tarjetas, ¡es más fácil que el resto capte rápidamente el mensaje!

Aprender de los errores

Hasta ahora, en este libro, ya hemos cubierto algunos errores que hemos cometido: poca claridad de objetivos (página 65) y problemas en el diseño de las preguntas (página 64).

Es interesante resaltar que nuestros socios del libro también destacaron estos riesgos. El tercer consejo de Eli de Friend fue fijar los objetivos reales, y Oliver Knapman pagó el precio de no tener objetivos claros con su cliente.

Como la segunda parte de este libro trata de fijar objetivos claros, vale la pena leerlo de nuevo.

Dos errores finales que nos gustaría compartir para que no tenga que aprender por las malas.

Salas demasiado pequeñas

Las salas pequeñas y estrechas hacen que la gente se sienta incómoda, acalorada y molesta. Sean cometió este error una vez y los participantes se rebelaron.

Fue casi como lo expresó el primer ministro británico Winston Churchill en un discurso en la Cámara de los Comunes el 28 de octubre de 1944:

"Damos forma a nuestros edificios y, después, ellos nos dan forma a nosotros".

Esté atento al espacio en el que desea trabajar antes comenzar su taller.

Tiempo de montaje insuficiente

Lo mejor es estar tranquilo y sereno al comienzo de un taller, así que tómese más tiempo del que crea que necesita para montar la sala. Lo peor que puede pasar es que tendrá 15 minutos más para estar sosegado y reposado.

Piezas - cómo guardarlas

Si no tiene una pila enorme de piezas con las que lidiar, puede parecer extraño leer sobre algo tan básico como almacenar piezas. Pero a medida que tenga cada vez más, puede que le moleste la cuestión del almacenamiento de las piezas.

En primer lugar, estamos seguros de que no hay una manera "correcta" y que encontrará una solución que le venga bien. Sin embargo, parece que hay dos extremos en la filosofía de almacenamiento, entre:

Una gran pila <<<>>> Cuidadosamente ordenadas y almacenadas

Una gran pila

Una amiga facilitadora de LEGO® Serious Play® usa la idea de "una gran pila". Jane tiene un gran maletín con ruedas que contiene todas sus piezas, más algunos objetos aleatorios.

En función de la configuración del taller, hace una pila grande o varias pilas pequeñas con piezas al azar.

El beneficio de este enfoque es no perder tiempo en la clasificación de piezas y, como dice Jane, la vida es aleatoria, por lo que una distribución aleatoria de piezas no es mala.

Que haya orden

Para talleres pequeños, Sean usa el enfoque de pila grande y selecciona piezas de su gran caja de piezas (página 81). Para talleres de varios días de Nivel 2: Modelos compartidos y Nivel 3: Modelos sistémicos puede ser útil tener un enfoque ordenado.

Los niveles 2 y 3 utilizan piezas específicas para fines específicos: placas de base para la construcción de modelos compartidos, banderas para la identificación de prioridades y conexiones especiales rígidas y flexibles para construir modelos sistémicos. Es mejor mantenerlas separadas.

Si alguien está buscando una llave, una lupa, un cohete, un diamante o un tiburón para contar la historia que tienen en mente, es más fácil localizar estas piezas si están compartimentadas, que si por suerte ¡están en la pila!

Las bandejas de plástico que vienen con los kits Identidad y paisajes, y las de conexiones NO son buenas para viajar. Las bandejas de cierre de clips que se muestran en la página 227 facilitan el transporte de piezas de forma organizada. Otro buen consejo: ¡compre una maleta de gran tamaño con ruedas de calidad!

Películas Serious LEGO®

La naturaleza visual de LEGO® es una de sus fortalezas. Las personas somos más capaces de recordar las ideas que se han comunicado con el modelo que las ideas compartidas solo verbalmente.

Y, como ha visto en la parte 5, los modelos se pueden usar en carteles y otros activos para mantener vivas las ideas después del taller. El vídeo es otra forma de recordar lo que se construyó y lo que significaron los modelos.

Cuando se graba en vídeo cada historia y se proyecta en una pantalla grande, toda la sala puede ver las ideas. Resulta útil en reuniones o talleres más grandes para ayudar a compartir ideas, ya sea a un grupo más grande o desde una mesa a otra mesa. Además, si graba estos vídeos, tiene las ideas clave en vídeo para siempre.

Cámara web o wifi

Una solución técnicamente fácil es usar una cámara web USB externa con un cable de extensión de 10 metros conectado a un ordenador portátil conectado a su vez a un proyector.

Otra opción es conectar un teléfono móvil a una red inalámbrica a través de Apple TV conectada al proyector. Esto tiene la ventaja de tener menos cables, como muestra la foto en la página 229.

En ambas opciones, se necesita cierta habilidad para operar la cámara, para asegurarse de que no se mueva, que grabe la parte correcta del modelo, que la imagen sea nítida y que el audio sea claro.

La falta de habilidad crea vídeos inestables que marean a la gente cuando mira la pantalla, y el vídeo no es tan útil después.

También debe pedir a todos los que están en la sala que guarden silencio para poder grabar audio de buena calidad.

Si luego sube los vídeos a YouTube, puede compartirlos con los participantes del taller con un enlace privado. YouTube puede eliminar el movimiento de la cámara y mejorar la iluminación si los vídeos no tenían la calidad que esperaba.

Si planea grabar vídeos, calcule al menos otros 20 minutos para el montaje y lleve consigo muchos tipos de conectores y cables. Tenga en cuenta que algunas redes wifi no se llevan bien con la transmisión de vídeo, por eso ahora llevamos nuestro propio centro de wifi.

Ejemplos de vídeos

Puede ver una selección de vídeos de talleres en: www.serious.global/videos

Parte 7

Convertirse en un practicante virtuoso

O ALTERNATIVAMENTE:
CON INCOMPETENCIA CONSCIENTE

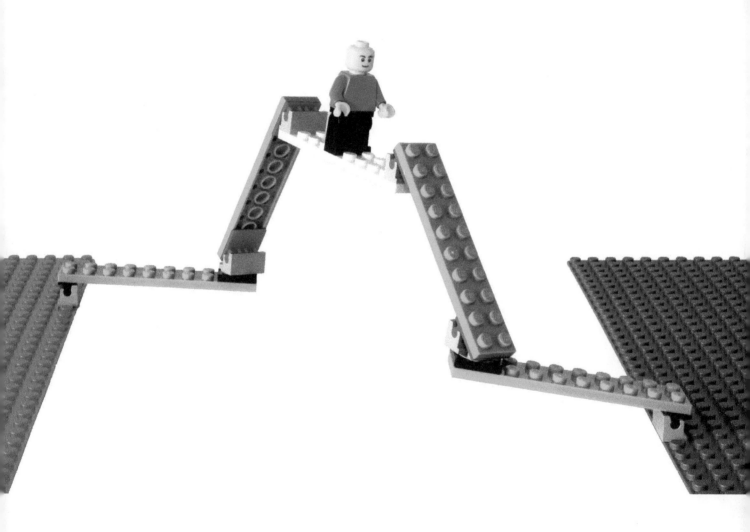

Imagine que quiere hacer rápel.

Podría leer un libro para aprender, pero la lectura no le haría capaz de practicar este deporte de forma segura o competente.

Para hacer rápel de verdad, necesitaría la ayuda de un escalador que sepa de nudos para guiarle en la práctica en el mundo real.

Algunas habilidades "prácticas" se adquieren mejor mediante la enseñanza "práctica".

Parte 7: Convertirse en un virtuoso

El objetivo de este capítulo es trazar tres caminos para convertirse en un facilitador cualificado.

Algunas habilidades solo se pueden aprender mediante la práctica. El llamado "conocimiento experiencial" es la única manera de aplicar de manera competente algunas cosas prácticas en la práctica.

Por el contrario, hay libros que ofrecen "conocimiento proposicional". Puede leer tantos libros como desee sobre cómo **conducir un automóvil, usar un desfibrilador o hacer rápel**. Sin un maestro experimentado a su lado, todos estos libros no le permitirán hacer las cosas de manera segura y competente.

El "conocimiento proposicional", el tipo de información que se obtiene al leer un libro, en el mejor de los casos, puede hacer que los profesionales conscientes sean incompetentes.

Este libro lleva el subtítulo "con incompetencia consciente" porque para convertirse en un facilitador competente, o incluso virtuoso de LEGO® Serious Play®, tendrá que aprender mediante la práctica. Los lectores que no hayan tenido experiencia previa con LEGO® Serious Play® y que estaban en la fase 1 de la matriz de competencias al comienzo del libro podrían estar ahora en la 2 y algunos lectores, ya expertos en la facilitación de los procesos prácticos, pueden sentir que ahora están en la 3.

Las pruebas de los usuarios con los primeros borradores de este libro sugirieron que solo leer no era suficiente para facilitar adecuadamente (llegar a la etapa 3) y quizás algunos lectores, incluidos nuestros maestros, podrían pensar que es una locura escribir una guía sobre un proceso que solo se puede aprender a través de la práctica.

Teníamos dos objetivos: **instruirle** en cómo facilitar reuniones y talleres basados en LEGO® Serious Play®, y un propósito más profundo de **ayudar a legitimar un método brillante y poderoso**.

Explicar cómo funcionan las cosas hace que algunas personas se interesen por aprender más.

Y eso es lo que esperamos que haya logrado este libro: que le haya despertado la curiosidad lo suficiente como para que le interese saber más.

Etapa 1

INCOMPETENCIA INCONSCIENTE

No es consciente de la habilidad y su falta de destreza

Etapa 2

INCOMPETENCIA CONSCIENTE

Es consciente de la habilidad y su falta de destreza

Etapa 4

COMPETENCIA INCONSCIENTE

Poner en práctica la habilidad se vuelve automático

Etapa 3

COMPETENCIA CONSCIENTE

Con esfuerzo puede usar la habilidad

Tres maneras de practicar

Hay tres vías obvias para desarrolla sus habilidades LEGO® Serious Play®.

1. Practicar las ideas por su cuenta.

2. Experimentar el proceso con un facilitador capacitado.

3. Participar en un programa de formación.

Puede que una combinación de estos caminos sea la mejor manera de desarrollar sus habilidades.

1. Practicar las ideas por su cuenta

Este libro ha sido escrito con la intención de permitirle facilitar y desarrollar el Nivel 1: Creación de modelos individuales.

Le alentamos a que busque, o cree, un ambiente afable y seguro para:

• practicar una reunión de fijación de objetivos.

• probar con un taller de desarrollo de habilidades.

• antes de eso, cre un espacio seguro para explorar un tema que sea importante para su grupo u organización.

Puede comprar algunas piezas e intentar algunos de los ejercicios más sencillos y ver cómo se desenvuelve.

Aprender de la práctica

Asegúrese de evaluar su rendimiento, incluso con sesiones individuales o de prueba.

Sea prudente

Es prudente incluir una revisión de todo lo aprendido después de cada una de sus sesiones de práctica. Esta será una oportunidad para entender lo que salió bien, pero lo más importante es que recopile algunos comentarios sobre lo que podría mejorar.

No penalice a las personas que sean honestas en sus comentarios. En los grupos, los comentarios orales tienden a normalizarse con respecto a lo que otros ya han dicho, esto limita los comentarios útiles, por lo que sugerimos hacer las preguntas en una hoja de comentarios para obtener respuestas BREVES por escrito.

2. Experimentar el proceso con un facilitador capacitado

Una excelente manera de obtener un aprendizaje experiencial es participando en un taller dirigido por un facilitador capacitado de LEGO® Serious Play®.

Podrá experimentar algunas de las ideas en este libro (sin duda con ajustes y énfasis diferentes) y observar a un facilitador en acción.

Si vive en un país o ciudad donde se llevan a cabo encuentros de LEGO® Serious Play®, esa es otra manera excelente de aprender más.

Preguntas que puede hacer después de sus primeras reuniones o talleres:

En una escala del 1 al 5 (5 siendo la puntuación más alta), ¿cómo calificaría el taller?

¿Qué tenía que pasar para ser un 5?

¿Hubo algo confuso o poco claro?

Si volviéramos a hacer el taller o la sesión, ¿qué pequeño cambio haría para mejorarlo (todavía más)?

¿Qué podría haber hecho mejor?

¿Cómo de efectiva fue la sesión para lograr los objetivos?

¿Cuándo (si fue así) le pareció que yo lo estaba pasando mal como facilitador?

¿Qué fortaleza experimentó al usar LEGO® Serious Play®?

¿Qué debilidad experimentó al usar LEGO® Serious Play®?

¿Hay algo más que quiera aportar?

A veces recibirá mejores comentarios si están escritos, pero no lo deje para más tarde... Si desea recibir feedback, reserve 5 minutos al final del tiempo asignado.

Encuentros de LEGO® Serious Play®

"Meetup es un portal en línea que facilita reuniones de grupos presenciales en diversas localidades de todo el mundo. Meetup permite a los miembros encontrar y unirse a grupos conectados por un interés común".[9]

Fundamos el MeetUp de LEGO® Serious Play® en Londres en 2014, y alentamos a nuestros compañeros a organizar encuentros de LEGO® Serious Play® en otras ciudades y países.

Ahora hay más de 40 en todo el mundo. (www.meetup.com/).

Tenga en cuenta que no hay control de calidad y sabemos que hay algunos encuentros de LEGO® Serious Play® dirigidos por personas que no han realizado cursos de capacitación de LEGO® Serious Play®. Los encuentros de LEGO® no deben ser plataformas de ventas, por lo que es mejor leer bien las opiniones sobre un Meetup antes de inscribirse.

[9] Aus Wikipedia

Justin contento durante un taller de formación de Serious
Work de nivel 1: Construcción de modelos individuales

Playcamps y conferencias

Otra forma de experimentar LEGO® Serious Play® es en conferencias. La comunidad Agile ha adoptado el método de LEGO® Serious Play®, por lo que puede encontrar oportunidades para asistir a una sesión aquí: www.playcamp.net.

Si está organizando el tipo de conferencia en la que se intercambian prácticas, podría considerar la posibilidad de invitar a un facilitador de LEGO® Serious Play® para llevar a cabo una sesión. Si vive en la misma ciudad que los colaboradores de este libro, valore la posibilidad de pedirnos a uno de nosotros que venga y organice un taller.

3. Formación en LEGO® Serious Play®

El mejor conocimiento se adquiere a través de la capacitación. Es especialmente adecuado para los profesionales que pasan su vida ayudando a las personas a cooperar y colaborar.

Si está pensando en hacer un curso de capacitación para facilitadores LEGO® Serious Play®, pregúntese: ¿Qué tipo de reuniones, talleres, proyectos o aplicaciones planeo dirigir o facilitar?

Evaluar lo que planea facilitar

Una buena manera de evaluar el tipo de capacitación que necesita es considerar las aplicaciones o los tipos de reuniones o talleres que dirigirá o facilitará. Hay una tabla en las páginas siguientes que podría ayudarle a evaluar los tipos de habilidades que necesitará para diferentes aplicaciones.

Aprender las habilidades que necesita

La facilitación de nivel 1: Modelos individuales le permite mejorar la comunicación sobre cualquier problema, desbloquear el aprendizaje, establecer objetivos, ofrecer comentarios, consejos y hacer coaching. Puede facilitar muchos tipos de reuniones solo con este nivel de construcción.

Sin embargo, si necesita ayudar a los equipos a crear un entendimiento común sobre inquietudes compartidas, como la visión del equipo, deberá comprender cómo facilitar el nivel 2: Modelos compartidos.

Recuerde que este libro se ha centrado en las técnicas de facilitación de nivel 1. Esta es la base de todas las reuniones y talleres de LEGO® Serious Play®, y puede hacer mucho con el nivel uno.

En el mercado hay ofertas de capacitación más largas y más cortas, entre las que puede elegir la más adecuada.

Recomendamos que aclare qué cree que le gustaría facilitar antes de decidir qué tipo de curso de capacitación podría satisfacer sus necesidades.

Una vez que tenga claro qué tipo de reunión desea facilitar, entre en www.serious.global/learn para encontrar información sobre opciones de capacitación.

¿Está pensando en formarse?
Pregúntese:¿qué quiero facilitar?

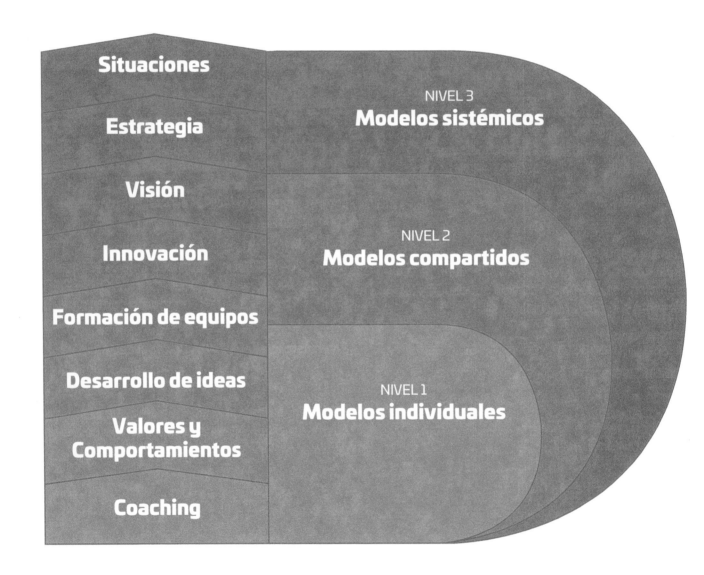

Situaciones

Estrategia

Visión

Innovación

Formación de equipos

Desarrollo de ideas

Valores y Comportamientos

Coaching

NIVEL 3
Modelos sistémicos

NIVEL 2
Modelos compartidos

NIVEL 1
Modelos individuales

y ¿qué nivel de destreza en LEGO®Serious Play® necesito?

Los tipos de habilidades que necesitará para diferentes trabajos o responsabilidades.

Habilidad avanzada LEGO® Serious Play®

Nivel 3: Modelos sistémicos

Crear y utilizar situaciones para explorar sistemas dinámicos y la "estrategia en tiempo real". Comprender el cambio y desarrollar principios rectores simples. Modelar, analizar y rediseñar procesos y sistemas. Comprender cómo los factores externos e internos influyen en los objetivos.

Habilidad intermedia LEGO® Serious Play®

Nivel 2: Construcción de modelos compartidos

Crear un entendimiento común sobre las preocupaciones compartidas. Desarrollar la visión y los objetivos compartidos, la dirección compartida, los planes, las estrategias y los modelos mentales. Construir equipos, diseñar nuevos servicios e innovar. Utilice LEGO® Serious Play® para crear procesos de acuerdo más profundos.

Habilidad básica fundamental LEGO® Serious Play®

Nivel 1: Construcción de modelos individuales

Mejorar la comunicación en cualquier tema. Desarrollar ideas, construir confianza. Gestionar a colaboradores, establecer objetivos, ofrecer comentarios. Mentor y coach. Explorar y acordar valores y comportamientos. Desbloquear la comunicación individual y grupal y el aprendizaje sobre cualquier tema.

Para obtener más información:

serious.global/learn

Leer más información

Libros

Al término de la impresión de la primera edición de este libro, solo había otro libro escrito sobre LEGO® Serious Play®.

Building Better Business Using the LEGO® Serious Play® Method, publicado por Wiley y Sons, expone la historia, el desarrollo, el ámbito de aplicación y la ciencia en que se basa LEGO® Serious Play®. También presenta algunos casos breves.

Casos

Hay un número creciente de casos de LEGO® Serious Play® en la página web de ProMeet. Aportan una buena descripción de varias aplicaciones y problemas complejos que se han gestionado con el método: www.meeting-facilitation.co.uk/lego-serious-play-london.

Unirse a la comunidad en línea

SeriousPlayPro es un lugar excelente para leer casos, publicar preguntas y obtener más información. Si bien hay un par de otras comunidades en línea para LEGO® Serious Play®, la mejor y la más activa es SeriousPlayPro.com.

🐦 @SeriousPlayPro

Todavía más

Ha sido divertido escribir y diseñar este libro y, sin embargo, el contenido solo roza la superficie del vasto mundo de LEGO® Serious Play®.

Hay mucho más que no se ha abordado en este libro. LEGO® Serious Play® tiene un poder increíble en los niveles de construcción superiores y, a medida que el método crece y se combina con otros métodos, su potencial también crece.

Esperamos que con este libro hayamos contribuido a la inevitable evolución y desarrollo de la práctica y pedagogía de LEGO® Serious Play®.

¿Desea ponerse en contacto con nosotros?

Puede encontrarnos aquí:

Serious Work
🐦 @SeriousWrk
Sean@Serious.Global

Sean Blair
🐦 @ProMeetings
in https://uk.linkedin.com/in/sean-blair

Marko Rillo
🐦 @MarkoRillo
in https://ee.linkedin.com/in/markorillo

Para concluir

Gracias por leer este libro. Esperamos que lo haya disfrutado.

Abrimos este libro con una hipotética visión de futuro. Esperamos sinceramente llegar a ver cómo usar LEGO® Serious Play® en las reuniones resulta tan natural como usar un rotafolio y marcadores. Esperamos que el método se utilice cada vez más en empresas y escuelas; que sea utilizado por coaches y consultores para convertirse en la herramienta de una nueva generación de líderes que valoran la participación, y que predican y practican la mentalidad facilitadora.

Por otro lado, vivimos en tiempos difíciles y la humanidad aún no ha aprendido a vivir en paz unos con otros o con este maravilloso planeta que llamamos hogar.

Uno de los mayores desafíos es entendernos verdadera y profundamente, y comprender cómo percibimos las complejidades de la realidad.

Recordemos que los humanos distinguimos cuatro formas de saber:

Primero está el modo dominante de aprender con nuestros pensamientos y mente. ¡Oye, cerebro! Seguro que cree que gobierna el juego.

Luego está el saber corporal: sentimientos, intuición y manos sabias. Después, el saber del corazón, que nos eleva o hace padecer respecto a las personas que amamos.

Y, finalmente, el saber del espíritu o del alma.

LEGO® Serious Play®, por su brillantez, apela al saber del cerebro y del cuerpo. El corazón y el alma son más difíciles de tocar con un cubo de plástico. Sin embargo, una combinación de LEGO® Serious Play® con una interacción más profunda entre humanos ayuda a crear un diálogo y revelar información sobre el tipo de intuición que también pueden revelar los modelos sistémicos de LEGO®. Una visión que puede tocar nuestros sentimientos y enriquecer nuestros espíritus. Esa sí es una perspectiva tentadora.

¿Qué pasaría si todos pudiéramos convertirnos en líderes mejores y más participativos y aprendiéramos a utilizar el poder de los sistemas de LEGO® Serious Play® para generar visiones e ideas más significativas, profundas y sostenibles del mundo? Entonces podríamos llegar a una situación en la que LEGO podría convertirse en una herramienta seria que salvara el mundo.

¿Una visión fantasiosa?
¡Tal vez, solo tal vez!

🐦 @seriouswrk

Índice

SERIOUSWORK

Printed in the USA
CPSIA information can be obtained
at www.ICGtesting.com
LVHW060222210923
758631LV00074B/1956